KB147844

새로운 사회철학

새로운 사회철학

배치 이론과 사회적 복합성

마누엘 데란다 지음

김영범 옮김

리좀총서 II
04

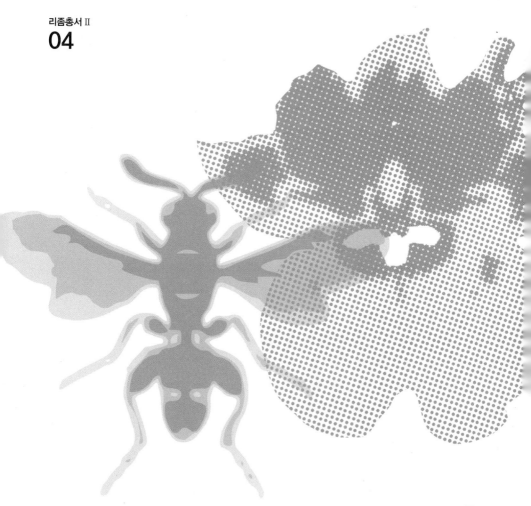

그린비

서문

이 책을 저술한 목적은 사회 존재론에 접근하는 새로운 방식을 소개하기 위함이다. 여타의 존재론적 탐구와 마찬가지로, 새로운 접근 방식도 우리가 합법적으로 존재한다고 밝힐 수 있는 존재들을 둘러싼 문제에 관심을 갖는다. 이 책에서 채택한 존재론적 입장에는 전통적으로 '실재론적'(realist)이란 꼬리표가 붙어 있다. 즉 일반적으로 현실이 정신과 독립적으로 존재한다고 주장하는 입장이다. 하지만 사회 존재론의 경우에, 이러한 정의에는 반드시 단서가 따라붙어야만 하는데, 작은 공동체에서 거대한 민족 국가에 이르기까지 사회적 존재들은 대부분 인간 정신이 존재하지 않으면 함께 사라져 버리기 때문이다. 이런 의미에서, 사회적 존재들은 분명히 정신과 따로 떨어져 있지는 않다. 그러므로 사회 존재론에 실재론적으로 접근하려면 우리가 사회적 존재들에 대해서 가지고 있는 개념으로부터 사회적 존재의 자율성이 옹호되어야만 한다. 사회적 존재가 개념과 독립적으로 실재한다는 말은 우리가 사회적 존재를 연구하는 데 사용하는 이론, 모델 그리고 분류가 객관적으로 틀릴 수도 있다는 것, 그러니까 사회적 존재의 실제 역사와 내적인 동력을 포착하지 못할 수도 있다는 주장이다.

하지만 사회학자들이 사용하는 바로 그런 모델과 분류가 연구 중인 존재들의 행위에 영향을 주는 중요한 사례들도 있다. 예를 들어서, '여성 난민'이나 '과잉운동장애 아동'과 같은 범주를 사용하는 정치적·의학적 분류 방식은 그렇게 분류되고 있다는 사실을 알게 된다면 분류되는 당사자들과 영향을 주고받을 수도 있다. 첫 번째 사례에서, 조국의 끔찍한 상황에서 벗어나려는 여성이 자신이 이주하고자 하는 나라에서 사용하는 '여성 난민'의 분류 기준을 알게 되면 그 기준에 맞도록 자신의 행동을 바꿀 수도 있다. 이런 경우에 '여성 난민'이란 용어가 지시 대상에 대해 갖는 존재론적 관련성(commitment)은 유지되기 어려운데, 바로 그런 용어를 사용함으로써 그 용어에 해당하는 지시 대상이 만들어질 수도 있기 때문이다. 다른 한편, 일반 용어의 지시 대상이 실제로 계속 달라질 수 있다는 것을 받아들이더라도, 그로 인해 사회 실재론의 기초를 위태롭게 하지는 않는다. 여성 난민의 사례를 설명하려면, 그 여성이 '여성 난민'이라는 용어의 의미를 알고 있어야 함은 물론이고, 제도적 조직(법정, 이민국, 공항과 항만, 강제 수용소), 제도적 기준과 사물(법률, 구속력이 있는 법정, 여권) 그리고 제도적 관행(구금, 감시, 심문)의 전체 집합이라는 객관적인 존재를 불러내, 범주와 그에 해당하는 지시 대상 사이에 상호작용이 발생하는 맥락을 형성해야만 한다. 그러니까 실재론적 사회 존재론과 관련된 문제는 모든 일반적인 용어의 의미가 악순환을 만들어 내는 지시 대상에 대해서 사회학자들이 가지고 있는 바로 그러한 인식을 형성하기 때문이 아니라 의미로 환원될 수 없는 어떤 특수한 경우와 제도나 관행이라는 맥락에서만 발생한다. 철학자 이언 해킹(Ian Hacking)은 다음과 같이 쓰고 있다.

개인들로서, 스스로 과잉운동장애 아동들이 자신들이 어떻게 분류되는지를 알게 되어서 그러한 분류에 맞게 반응한다는 뜻은 아니다. 물론 그럴 수도 있지만, 상호작용은 이러한 분류 방식을 둘러싸고 있는 제도나 관행이라는 더 큰 매트릭스에서 발생한다. 아이들이 과잉운동장애라고 분류되면, '자극이 될 만한 것이 전혀 없는' 방에 들어가게 했던 시절이 있었다. 교실에는 자극이 될 만한 요소들이 최소화되어서 아이들이 과잉 활동을 일으킬 일이 없었다. 책상은 멀찍이 떨어져 있었다. 벽에는 아무런 장식이 없었고 창문에는 커튼이 드리워져 있었다. 선생님은 아무런 장신구도 없이 평범한 검은색 옷을 입고 있었다. 벽에는 소음 반사 장치만 최소한도로 꾸며져 있었다. **과잉운동장애**란 분류는 이 아이들과 영향을 주고받지 않았다. 그저 아이들은 그 말을 듣고는 그에 따라 행동을 바꾸었기 때문이다. 상호작용은 아이들을 분류하는 방식에 있어서 고정된 제도나 관행에 따라 분류된 사람들과 일어났다.[1]

요컨대 단어의 의미가 그에 해당하는 지시 대상에 영향을 미치는 껄끄러운 경우가 존재한다는 사실을 인정하더라도, 제도나 관행에 접근하는 실재론적 방식을 전혀 위태롭게 하지는 않는다. 오히려 이 문제를 올바르게 해결하기 위해서는 제도적 조직, 사람들 사이의 네트워크 그리고 여타의 많은 사회적 존재들이 개념과 독립적으로 다루어지는 존재론을 필요로 하는 것 같다. 이러한 실재론적 해법은 현상학으로부터 영향을 받은 사회학자들, 소위 '사회 구성주의자들'이 지지하는 관념론적 해

---

1) Ian Hacking, *The Social Construction of What?*, Cambridge, MA: Harvard University Press, 1999, p. 103.

법과는 180도로 아주 다르다. 사실 이언 해킹이 지적하듯이, 이 부류의 사회학자들은 '구성'이라는 용어를 "부분이나 요소들을 조합하거나 조립한다는(assembly) 문자 그대로의 의미"를 무시한 채, 순전히 은유적인 의미로 사용한다.[2] 반면에 이 책에서 옹호하는 실재론적 사회 존재론은 객관적인 조립 과정에 관한 모든 것이다. 개인들로부터 민족 국가에 이르는 넓은 영역의 사회 존재들은 아주 구체적인 역사 과정들, 언어가 본질적(constitutive)이지는 않지만 중요한 역할을 하는 과정들을 통해서 구성된 배치들(assemblages)로 다루어질 것이다.

역사적 정체성을 창조하고 안정시키는 배치 이론과 과정 이론은 20세기 말에 철학자 질 들뢰즈(Gilles Deleuze)가 만들어 낸 것이다. 이 이론은 이종적(heterogeneous) 부분들로부터 구성된 매우 다양한 전체에 적용될 수 있었다. 원자와 분자로부터 생물학적 유기체, 종과 생태계에 이르는 존재들은 배치로, 역사적 과정의 산물인 존재로 유용하게 다루어질 수 있다. '역사적'이란 용어를 사용한 것은 당연히 인간의 역사뿐만 아니라 우주론적이고 진화론적인 역사를 포괄할 수 있다는 뜻이다. 배치 이론은 사회적 존재에도 적용될 수 있지만, 배치 이론이 자연-문화 구분에 영향을 준다는 바로 그러한 사실은 그 이론이 실재론적 자격이 있다는 증거이다. 하지만 들뢰즈의 저작(상당 부분은 펠릭스 가타리와의 공저)에서 배치 이론에 할애된 부분이 상대적으로 거의 없어서 결과적으로 충분히 무르익은 이론이 아니라고 반박될 수도 있다.[3] 사실 이러한 지적은 옳다. 그

---

2) *Ibid.*, p.49.
3) 배치 이론에 관한 구절에 대해서는 Gilles Deleuze and Félix Guattari, *A Thousand Plateaus*, Minneapolis, MN: University of Minnesota Press, 1987, pp.71, pp.88~91, pp.323~337, pp.503~505 참조.

러나 배치의 특징을 상술하는 데 사용된 개념들('표현' 혹은 '영토화')은 몇 페이지에 걸쳐서 매우 자세하게 설명되어 들뢰즈 저작을 관통하는 다른 개념들과 연결되어 있다. '배치' 개념이 개념적 본분을 수행하는 관념의 네트워크 전체를 고려하면 우리는 적어도 이론의 원리를 파악하게 된다. 하지만 이번에는 이 때문에 또 다른 어려움이 발생한다. 배치의 특징을 설명해 주는 데 사용된 개념 정의는 들뢰즈 저작 여기저기에 흩어져 있다. 개념의 일부가 어떤 책에 들어 있다가 다른 책에서 의미가 확장되고 나중에 잘 알려져 있지 않은 논문에서 정교해질 수도 있다. 개념 정의가 어디에 되어 있는지 쉽게 알 수 있는 경우에도, 대체로 개념들은 직접적으로 해석되지 않는 문체로 정의되어 있다. 그래서 배치 이론에 관한 책을 볼 때는 책 전체를 해석학적으로 이해하는 데 할애할 수밖에 없다.

이런 어려움을 피하기 위해서, 필자는 다른 책에서 배치 이론을 직접적으로 담고 있는 부분들을 포함해서 들뢰즈 존재론의 전모를 명확하고도 분석적인 방식으로 재구성하여 들뢰즈가 '정말로 무엇을 의도했는지' 골몰할 필요가 거의 없게 하였다.[4] 이 책에서도 필자는 유사한 전략을 사용할 것이다. 필자는 나름대로 전문 용어들을 정의하고, 필자만의 논증을 통해 그 정의를 정당화하면서 전혀 다른 이론적 근거들을 이용해서 정의들을 발전시킬 것이다. 이런 식으로 편법을 사용한다고 해서 들뢰즈 해석학에 개입할 필요가 전혀 없어지지는 않겠지만 그런 작업의 일부는 각주에 한정시킬 것이다. 이 책에서 전개된 이론이 엄밀하게 말해서 들뢰즈 자신의 이론이 아니라고 생각하는 독자들은 이 이론을 '신-배치 이론', '배

---

4) Manuel DeLanda, *Intensive Science and Virtual Philosophy*, London: Continuum, 2002 [마누엘 데란다, 『강도의 과학과 잠재성의 철학』, 이정우·김영범 옮김, 그린비, 2009].

치 이론 2.0' 혹은 다른 어떤 이름으로 불러도 상관없다.

이 책의 처음 두 장에서는 이와 같이 재구성된 배치 이론의 근본적인 개념들을 소개한다. 우선 이 이론을 통해서 부분으로 환원되지 않는 전체라는 속성들의 **종합**을 밝힌다. 이러한 종합적인 기능의 측면에서, 배치 이론에는 역사적으로 훨씬 유구한 헤겔의 변증법이라는 적수가 있다. 그러므로 1장에서 수행되어야 할 중요한 과제는 배치와 헤겔의 총체성을 대조하는 것이다. 배치 이론에서는 전체가 종합적 혹은 창발적(emergent) 속성들을 가지고 있다고 해서 분석의 가능성을 배제하지 않는다는 사실에서 주요한 차이가 있다. 다시 말하면, 유기적인 총체성과는 달리, 배치의 부분들은 매끈한 전체를 형성하지 않는다. 2장에서 필자는 일단 역사적 과정들을 무기적 배치, 유기적 배치 그리고 사회적 배치들의 종합으로 설명하게 되면, 본질주의를 통해서 그것들의 지속적인 정체성을 설명할 필요가 없다고 주장할 것이다. 이렇게 되면 배치 이론은 다른 형태의 사회 실재론이 가질 수 있는 중요한 단점 중 하나를 피할 수 있게 된다.

먼저 기본 개념들을 정립해 놓은 다음에, 다음 세 장에서는 배치 이론의 접근 방식을 구체적인 사례 연구(사회적 실재의 미시적이고 거시적인 수준 사이의 연계라는 문제)에 적용한다. 전통적으로 이 문제는 환원주의적 용어로 입안되었다. 사회과학에서 환원주의는 주로 방법론적으로 만사는 서로 고립된 개인들이 내린 합리적 결정이라는 미시경제학의 개인주의적인 특징을 통해 예증되었다. 하지만 사회적 구성주의라는 현상학적 개인주의 또한 미시적 수준의 개념이 개인의 합리성이 아니라 개인의 경험을 구성하는 관례와 범주에 기반한다고 주장하더라도 결국은 환원주의적이다. 이러한 개인주의들 가운데 어느 하나에도 합리성이나 경험과 더불어, '전체로서의 사회'와 같은 뭔가가 존재한다는 것을 부정하지는 않는다. 그러나 그러한 존재는 단순한 총합, 그러니까 부분들의 총합보다 더 많은 속성들을 가지고 있지 않은 전체로서 개념화된다. 이런 이유 때문에, 미시-거시 문제에 대한 이런 식의 해법을 '미시-환원주의'라고 지칭할 수 있다.

미시-거시 문제에 관해서 역사적으로 채택되었던 또 다른 입장은 정말로 존재하는 것은 사회 구조이고 개별적인 인간들은 자신들이 태어난 사회의 단순한 산물일 뿐이라는 입장이다. 초기 뒤르켐(Émile Durkheim), 후기 마르크스 그리고 탤컷 파슨스(Talcott Parsons)와 같은 기능주의자들의 입장이 대표적이다. 이 사상가들은 개별적인 인간들의 존재를 부정하지 않고 사람들이 가정이나 학교에서 사회화되면 자신들이 속해 있는 사회나 사회 계급의 가치를 너무 내면화하여 기존의 사회질서에 스스로 충실하게 따르는 것을 당연하게 생각한다고 주장한다. 이런 입장에서는 미시적 차원을 그저 부수적인 현상으로 여기게 되고 그런 이유 때문에 '거시-환원주의'라는 딱지를 붙일 수 있다. 미시적인 것과 거시적인 것의 분절 문제에 관련해서 사회과학에서 채택하는 입장에는 실천적·사회적 현실의 진정한 핵심과 같은 중간 단계를 설정하는 것을 포함해서, 개별적 행위와 사회적 구조 둘 다 근본적인 차원의 부산물이라고 생각하는 입장들도 있다. 이런 사례에는 '절충(meso)-환원주의'라는 꼬리표를 붙일 수도 있는 입장, 즉 앤서니 기든스(Anthony Giddens)와 같은 저명한 현대 사회학자들이 택하는 입장이 있다.[5]

---

5) Margaret S. Archer, *Realist Social Theory: The Morphogenetic Approach*, Cambridge: Cambridge University Press, 1995. 아처는 사회 이론에 대해서 유사한 비판을 하고 있지만 '환원'보다는 '융합'에 대해서 언급하고 있다. 필자가 명명한 미시-환원주의, 거시-환원주의 그리고 절충-환원주의라는 용어에다가 아처는 '하향 융합', '상향 융합' 그리고 '중간 융합'이

물론 이와 같은 세 부류의 환원주의적 입장들로 모든 가능성을 샅샅이 연구할 수는 없다. 미시적이지도 거시적이지도 않은 사회적 존재들에 초점을 맞추어 연구하는 사회과학자들도 상당수다. 어빙 고프먼(Erving Goffman)[6]은 대화나 여타의 사회적 만남들에 관심을 기울인다. 막스 베버(Max Weber)의 연구는 제도적 조직에 초점을 맞추고 있고 찰스 틸리(Charles Tilly)[7]는 사회 정의 운동을 연구한다. 많은 사회학자들은 사회 네트워크 이론에 대해서 연구하고 있으며 지리학자들은 도시나 지역에 대해서 연구하고 있다. 이런 학자들이 연구를 통해서 밝혀내고 있는 것은 미시적인 것과 거시적인 것 사이에 수많은 중간 단계들이 있고 그러한 단계들의 존재론적 상태에 대해서는 적절하게 개념화되고 있지 않다는 점이다. 배치 이론은 이런저런 사상가들의 기여(환원주의적 입장을 지지하는 사상가들의 저작을 포함해서)가 적절하게 위치지어지고 그들 사이의 연관성이 완전하게 해명될 수 있는 체제를 제공해 줄 수 있다. 왜냐하면 배치의 속성들은, 전체는 부분들 사이의 상호작용을 통해서 발현되므로 중간 단계의 모형으로 사용될 수 있기 때문이다. 사람 사이의 네트워크와 제도적 조직들은 사람들의 배치이다. 사회 정의 운동은 몇 가지 네트워크화된

라는 이름을 붙였다.

6) 캐나다 출신의 사회학자. '극작법'(dramaturgical perspective)이란 방법을 통해 현대인들이 어떻게 자아를 드러내고 상대와 사회적 관계망에 들어가는지를 연구했다. 그는 인간의 행동을 설명하기 위해 무대행위가 이루어지는 '극장'의 비유를 든다. 무대 위의 행위자는 우리의 가시적 행위를, 시나리오는 우리의 감춰진 내면의 동기와 욕구를, 감독은 우리의 의식을 대신한다. 여기에서 자아의 재현은 극(劇) 작업과 동일시된다. 대부분의 상황에서 우리는 역할을 결정하고 그 역할에 따라 행동하기 마련이다. 그러면서 타자에 대한 정보를 얻고 자신의 정보를 드러낸다. 물론 자아와 타자들 간에 형성된 관계와 상황은 사회적으로 통합된다. ─ 옮긴이

7) 미국의 사회학자, 정치학자, 역사가. 정치학과 사회학 사이의 관련성에 대한 저작을 썼고 컬럼비아대학교에서 사회학을 가르쳤다. ─ 옮긴이

공동체들의 배치이다. 중앙 정부는 몇몇 조직들의 배치이다. 도시들은 빌딩과 도시에서부터 물질과 에너지가 흘러가는 도관에 이르는 다양한 인프라 요소들뿐만 아니라 사람들, 네트워크, 조직들의 배치이다. 민족 국가들은 도시들, 도시들로 조직되는 지리학적 지역들 그리고 그러한 몇몇 지역들이 조직하는 주(州)들의 배치이다.

3장과 4장 그리고 5장에서 독자들은 개인(그리고 심지어 개인 이하)의 단계에서 출발해서 한 번에 한 단계씩 영토 국가와 그 이상으로까지 올라가는 여정을 밟게 된다. 독자가 현대 세계의 특징을 이루는 환원할 수 없는 사회적 복합성을 감지할 수 있는 것은 이러한 상향 운동, 실제로 모든 창발적 전체를 발생시키는 이러한 운동을 경험하는 것뿐이다. 그렇다고 해서 여기서 소개하는 존재론적 도식을 가지고 더 단순하고 더 유구한 사회에 적용할 수 없다는 뜻은 아니다. 도시나 대규모 중앙 정부도 없는 사회에 적용하기 위해서 이 도식을 앞뒤를 잘라 낸 형태로 사용할 수도 있다. 한편 필자는 여러 문화의 사례들을 끌어모으려고 애쓰지 않았다. 필자가 들고 있는 사례들은 모두 유럽이나 미국에서 가져온 것이다. 사람 사이의 네트워크나 제도적 조직들과 같은 사회적 배치의 속성들은 다른 문화 속에서도 거의 변하지 않는다는 필자의 믿음 때문이다. 그러나 서양에서 가져온 사례들조차도 5장을 빼고는 주로 대충 훑고 지나가기 때문에, 그 사례들의 역사적 양상들이 충분하게 탐구되지는 않는다. 이러한 한계는 내가 이전에 쓴 저작들에서 역사와 역사적 동역학에 집중했고, 이 책에서는 필자의 초기 역사 서술에서 주요 행위자였던 존재들의 존재론적 상태를 밝히는 데만 관심을 가졌다는 점에서 정당화될 수 있다.[8] 역사적 사례

---

8) Manuel DeLanda, *War in the Age of Intelligent Machines*, New York: Zone Books, 1991

들을 적게 서술한 이유는 독자가 각 규모의 단계에서 시간을 절약해서 상향 운동으로의 속도를 높이도록 하기 위함인데, 이 책에서는 미시적인 것에서 거시적인 것으로의 여정을 독자가 경험하는 것이 관건이기 때문이다. 미시적인 것과 거시적인 것 사이의 망각된 영역의 복잡성이 본능적인 수준에서 포착되기만 하면, 한두 가지 극단적인 의지에 특권을 부여하는 지성의 관습은 쉽게 무너질 수 있으리라 소망한다.

한편 중간 규모의 수준에서 작동하는 사회적 존재의 다양성과 관련된 미시-거시적 문제를 해결하기 위해서는 '더 큰 규모'라는 표현의 의미를 몇 마디 말로 명확히 할 필요가 있다. 도시 안에서 어떤 거리가 가장 길다거나 어떤 민족 국가가 다른 민족 국가보다 더 큰 지역을 차지하고 있다고 말하듯이 이 표현의 통상적인 의미는 기하학적이다. 하지만 그 표현에는 기하학을 넘어서는 물리적 의미도 있다. 예를 들면, 물리학에서 길이, 면적, 부피 등은 **외연적** 속성, 즉 에너지양과 구성 요소의 수를 포함하는 범주로 분류된다. 필자가 '더 큰 규모'라는 표현을 쓴 것은 기하학적인 의미가 아니라 외연적 의미이다. 예를 들면, 두 개의 인적 네트워크의 규모는 그 네트워크가 차지하고 있는 지리적인 외연에 의해서가 아니라 네트워크가 포함하고 있는 구성원들의 숫자로 비교될 것이다. 그래서 지역 공동체를 구성하고 있는 네트워크는 구성원들만 많으면 지리적으로 흩어져 있는 친구들을 연계해 주는 네트워크(이러한 네트워크가 전 세계를 포괄할 수도 있다는 사실에 상관없이)보다 더 크다고 생각될 것이다. 즉, 여기서 논의되는 사회적 존재들을 미분화해 주는 속성들 가운데 단 한 가지에서

『지능기계 시대의 전쟁』, 김민훈 옮김, 그린비, 2019]; Manuel DeLanda, *A Thousand Years of Nonlinear History*, New York: Zone Books, 1997.

만 더 크다는 것이다. 외연적이지 않고 강도적인(intensive), 그래서 마찬가지로 중요한 속성들(네트워크 내 관계의 밀도나 조직에서 권한의 집중도와 같은)도 많다. 마지막으로 이 책에서 사회적 존재들의 특성은 속성들에 의해서가 아니라 능력, 즉 다른 사회적 존재들과 상호작용을 할 때 뭔가를 할 수 있는 능력에 의해서 규정될 것이다.

서로 다른 문화 사이의 비교가 부족하다거나 사회적 메커니즘을 자세하게 분석하지 않아서, 혹은 역사적 삽화가 빈곤하여 실망할 수도 있는 독자들에게, 필자는 그런 귀중한 과제들 가운데 어느 하나도 빈약한 존재론 체제만 가지고는 수행될 수 없다고 말할 수밖에 없다. 사회과학자들은 이러한 과제들을 존재론적 기반 없이 수행할 수 있는 척하면서, 맹목적이고 그래서 무비판적으로 받아들여졌던 존재론을 틀에 박히게 사용하고 있다. 이 딜레마에서 쉽게 벗어날 방도는 없다. 그러므로 철학자들은 그런 식으로 사회과학자들의 작업을 할 수 없고 해서도 안 되므로, 존재론을 명확히 밝히는 작업에 크게 기여할 수 있다. 이것이 이 책에서 수행하고자 하는 과제이다.

2005년 뉴욕에서
마누엘 데란다

차례

새로운 사회철학

1장 _ 배치 대 총체성

이 장에서는 배치 이론을 소개하려 한다. 그러나 배치 이론의 소개만을 목적으로 하지 않고 사회학자들이나 사회과학자들이 끌어들이는 존재들의 적절한 존재론적 상태를 해명하려는 의도도 있다. 예를 들면, 전체로서의 사회가 존재하는가? 그러한 존재의 실존을 주장하는 입장은 타당한가? 그리고 그러한 존재의 실존을 부정하는 것은 개별적인 사람들과 그 가족들만이 존재한다는 주장과 같은 것인가? 이 문제에 대한 답은 당연히 모두 '아니다'이지만, 몇 가지 걸림돌을 치워 놓은 다음에야 이러한 부정적 답변이 정당화될 것이다. 적절한 사회 존재론의 길목에 놓여 있는 모든 걸림돌들 가운데 유기체 은유(organismic metaphor)만큼이나 견고한 것은 없다. 이로 인해 사회와 인체 사이의 피상적인 유비가 정교하지 않은 형태로 만들어지고, 유기체 전체를 위해서 신체 기관들이 함께 작동하듯이, 사회 조직의 기능도 사회의 이익을 위해서 조화롭게 작동한다고 간주된다. 하워드 베커나 해리 반스와 같은 사회 사상가들이 지적했듯이, 이와 같이 케케묵은 은유에는 변형체들이 수도 없이 많다.

사회 내의 계급, 집단, 조직 그리고 개인의 신체 기관들 사이에 유사성이 있다는 이론은 사회 이론 자체만큼이나 오래된 것이다. 우리는 이런 이론이 힌두교의 사회사상에 나타난다고 이미 지적한 적이 있고 아리스토텔레스가 이러한 유기체론적 유비를 『정치학』(*Politika*) 4권에서 자세하고 명확하게 설명하고 있다는 사실에 주목해야 한다고 주장했다. 이와 동일한 개념이 키케로, 리비우스, 세네카 그리고 사도 바울의 글에서도 분명하게 등장한다. 중세에, 신인동형론적 유비들이 존 솔즈베리(John of Salisbury)와 니콜라우스 쿠자누스(Nicolaus of Cusanus)에 의해 정교하게 도출되었다. 근대 초기에, 홉스와 루소는 유기체와 국가를 대비하면서 유기체는 자연의 산물이지만 국가는 인위적인 창조물이라고 주장했다. 18세기 말과 19세기 초에, 사회적이고 정치적인 유기체라는 공상적인 개념들이 헤겔(G.W. Hegel), 셸링(Friedrich Wilhelm Joseph von Schelling), 크라우제(Karl Christian Friedrich Krause),[1] 아렌스(Heinrich Ahrens), 슈미트헨너(Friedrich Jakob Schmitthenner) 그리고 바이츠(Theodor Waitz)와 같은 사상가들과 함께 나타났다.[2]

---

1) 19세기 초 활동한 독일의 철학자. '만유내재신론'(萬有內在神論: 기본적으로 범신론과 일신론을 조화하려는 시도)이란 사상을 주장했으며, 신은 전 우주를 자기 안에 포함하는 실재이나 결코 그것만으로 그치지 않는 실재라고 했다. 특히 개인의 발전을 모든 사람의 삶의 총괄적 일부라고 강조했다. 주요 저작으로는 『철학체계 초안』(*Entwurf des Systems der Philosophie*, 1804), 『윤리학 체계』(*System der Sittenlehre*, 1810), 『인류의 이상(理想)』(*Das Urbild der Menschheit*, 1811), 『철학체계 개요』(*Abriss des Systems der Philosophie*, 3 vols., 1825~1828), 『철학체계에 대한 강연』(*Vorlesungen über das System der Philosophie*, 1828), 『학문의 근본 진리에 대한 강연』(*Vorlesungen über die Grundwahrheiten der Wissenschaft*, 1829) 등이 있다. —옮긴이

2) Howard Becker and Harry Elmer Barnes, *Social Thought from Lore to Science*, New York: Dover, 1961, pp. 677~678.

19세기 말, 유기체 은유는 허버트 스펜서(Herbert Spencer)의 연구에서 처음 체계적으로 전개되었고 몇십 년 후에 기능주의 사회학파의 거두, 탤컷 파슨스의 연구에서 그 영향력이 정점에 달했다. 그 이후로 사회학자들이 기능주의를 거부하면서 ─ 한편으로는 사회 통합을 강조하고 분쟁을 경시하면서 다른 한편으로는 현상학적 경험을 희생하면서까지 사회 구조에 초점을 맞췄기 때문에 ─ 유기체를 은유로 사용하는 경향은 점차 사라지게 되었다. 하지만 훨씬 정교한 형태의 기본적인 은유는 여전히 대부분의 사회학파에서 상당한 영향력을 발휘하고 있고 이러한 형태는 훨씬 제거하기가 어렵다. 이 유형은 은유가 아니라 부분과 전체 사이의 관계, 매끈한 총체성을 구성하거나 유기적 통일성을 보여 주는 전체에 관한 일반론을 담고 있다. 이 이론의 기본 개념은 우리가 **내재성의 관계들**(relations of interiority)이라고 부를 수 있는 것이다. 구성 부분들은 전체 안에서 다른 부분들과 맺고 있는 바로 그 관계들에 의해 구성된다. 특정 부분이 된다는 것은 전체를 구성하는 속성 가운데 하나가 된다는 것이므로, 전체로부터 떨어져 나온 부분은 더 이상 존재하지 않는다. 구성 부분들이 자립적이고 그 관계들이 서로 외재적이라면 그러한 전체는 유기적 통일성을 갖지 않는다. 그래서 헤겔은 다음과 같이 말했다. "이것은 메커니즘의 성격을 구성하는 것으로, 즉 결합된 사물들 사이에 어떠한 관계가 형성되더라도 이러한 관계는 본성을 전혀 고려하지 않는 사물들에 **비본질적**(extraneous)이고, 그것이 겉으로는 통일성이 동반되어 있더라도 그것은 단지 **구성**(composition), **합성**(mixture), **집합**(aggregation) 등일 뿐이다."[3]

---

3) G. W. F. Hegel, *The Science of Logic*, Antherst, NY: Humanity Books, 1999, vol.2, Book 2,

그러므로 이 개념에 따르면, 전체는 부분들 사이에 엄밀한 상호 결정 관계가 있어서 빠져나올 수 없는 통일성을 가진다. 이런 유형의 유기체 이론은 제거하기가 훨씬 더 어려운데 과거의 낡아 빠진 이미지를 받아들이고 있지 않아서가 아니라 기능주의 이상으로 사회학에 영향을 주었기 때문이다. 오늘날 찾아볼 수 있는 좋은 사례가 유력한 사회학자 앤서니 기든스의 연구인데, 그는 행위와 구조라는 이원론을 초월해서 그 둘 사이의 상호 구성 작용을 주장하고 있다. 행위는 실천과 관련되어 구성되고 결국 다시 구조를 만들어 낸다. 구조는 행동 절차와 관례 그리고 물질적·상징적 자원들로 이루어진다고 여겨지는데, 이 가운데 실제의 관행 속에서 사례화되지 않고 따로 존재하는 것은 아무것도 없다.[4] 결국 규칙들을 예시하고 자원들을 동원하는 관행들을 기든스는 집합체나 분리된 의도, 이유 그리고 동기로 구성되지 않는 연속적인 행동의 흐름이라고 생각한다.[5] 이런 생각의 최종 결과는 행위와 구조가 서로를 변증법적으로 상호 구축하는 매끈한 전체라는 것이다.[6]

헤겔을 추종하여 이러한 접근 방식을 옹호하는 사람들은 내재성의 관계들이 없으면 전체는 창발적인 속성들을 가질 수가 없어서 구성 요소들이라는 속성들의 단순한 집합체에 불과하다고 주장한다. 하지만 전체가 분리된 부분들 속에서 분석 가능하면서 동시에 환원할 수 없는 속성들,

---

4) "구조는 개체들에 '외재적'이지 않다. 기억이 유래하듯이, 그리고 사회적 실천에서 예시되듯이, 구조는 뒤르켐적인 의미의 활동들에 '외재적'이기보다는 어떤 의미에서 '내재적'이다." (Anthony Giddens, *The Constitution of Society*, Berkeley, CA: University of California Press, 1986, p.25)

5) *Ibid.*, p.3.

6) Anthony Giddens, *Central Problems in Social Theory*, Berkeley, CA: University of California Press, 1979, p.53.

즉 부분들 사이의 **상호작용**을 통해서 발생하는 속성들을 가질 수 있다고 주장할 수도 있다. 과학철학자 마리오 붕게(Mario Bunge)가 주장하듯이, "분석 가능하다는 것이 환원 가능하다는 뜻도 아니고 발생 메커니즘을 설명한다고 해서 발생이 정당화되는 것은 아니다".[7] 구성 부분들 사이의 복잡한 상호작용의 가능성을 인정해 주는 것은 발생의 메커니즘을 정의하는 데 결정적이지만, 이러한 가능성은 만일 부분들이 매끈한 망(web) 안에서 서로 융해되면 사라져 버린다. 그래서 우리에게 요구되는 것은 바로 내재성의 관계라는 개념이다. 예를 들면, 우리는 주어진 존재를 정의하는 속성들을 다른 존재들과 **상호작용하는 능력**과 구분할 수 있다. 속성들은 주어지기도 하고 닫힌 목록으로 계산될 수도 있지만, 능력은 주어지지도 않고——능력은 상호작용에 적합한 존재가 주변에 없으면 작동하지 않을 수도 있다——잠재적으로 열린 목록을 형성하기 때문에, 주어진 존재가 어떤 식으로 아주 많은 다른 존재들과 영향을 주고받을지 미리 말할 수가 없다. 이런 다른 관점에서, 전체의 부분이 된다는 것은 부분이 가지고 있는 능력을 행사하는 것이지만 그렇다고 전체를 구성하는 속성이 되는 것은 아니다. 발휘되지 않은 능력은 구성 요소가 되는 데 영향을 주지 않는다는 점을 고려하면, 부분은 정체성을 유지하면서도 전체로부터 떨어져 나올 수도 있다.

오늘날 유기적 총체성을 이론적으로 대체할 만한 대안은 철학자 들뢰즈의 **배치**(assemblages) 이론인데, 이 이론의 특징은 전체가 **외재성의 관계들**(relations of exteriority)을 통해 이루어진다는 것이다. 무엇보다도 이러한 관계들이 함축하는 것은 배치를 구성하는 부분들이 그 배치로

---

7) Mario Bunge, *Causality and Modern Science*, New York: Dover, 1979, p.156.

부터 떨어져 나와서 상호작용이 다른 배치에 접속(plug)될 수도 있다는 것이다. 다시 말하면, 관계들의 외재성이란 그 관계들이 관여하는 항들(terms)이 일정한 자율성을 갖는다는 것을 의미한다. 들뢰즈가 주장하듯이, "외재성은 항들이 변화하지 않고도 관계가 변할 수 있다"는 의미를 담고 있다.[8] 외재성의 관계 역시 구성 부분들의 속성은 결코 전체를 구성하는 관계들을 설명할 수 없다는 것, 즉 관계들은 비록 구성 부분들의 능력이 발휘됨으로써 야기될 수도 있지만, '자기 원인으로서 [구성 부분들]의 속성들을 지니지 않는다'[9]는 뜻이다. 사실, 전체의 속성들이 부분의 속성들로 환원될 수 없는 까닭은 전체의 속성들이란 구성 요소들 자체의 속성들이 결합된 결과가 아니라 속성들의 능력이 실제로 발휘된 결과이기 때문이다. 이러한 능력들은 구성 요소들의 속성에 좌우되지만 속성들로 환원될 수는 없는데, 그 능력들이 다른 방식으로 상호작용하는 존재들의 속성과 관련되기 때문이다. 외재성의 관계들은 배치들이 따로 떨어질 수 있도록 해주면서도 동시에 부분들 사이의 상호작용이 진정한 종합이 될 수 있도록 해준다.

내재성의 관계들이 유기체들을 주요한 사례로 사용하는 경향을 선호한다면, 들뢰즈는 식물의 공생이나 수분(受粉)하러 다니는 곤충들과 같은 생물학적 사례들을 선호하는 경향이 있다. 이런 경우에서 우리는 말벌이나 난초처럼 공진화의 과정에서 정해진 관계들, 즉 자립적인 구성 요소들

---

8) Gilles Deleuze and Claire Parnet, *Dialogues II*, New York: Columbia University Press, 2002, p.55.

9) Gilles Deleuze, *Empiricism and Subjectivity*, New York: Columbia University Press, 1991, p.98. 들뢰즈는 여기에서 특수한 유형의 구성 요소, 흄의 관념(그리고 이것은 원문의 인용문에서 언급된 것이다)에 대해서 논의하고 있지만, 이 점은 다른 유형의 구성 요소에도 적용된다.

사이의 외재성의 관계들을 알게 된다. 이런 사례를 통해서 우리는 배치와 총체성 사이의 또 다른 차이를 알게 된다. 매끈한 전체는 바로 그 부분들의 종합으로서, 구성 요소들 사이의 연관들이 전체가 존재하도록 해주는 **논리적으로 필연적** 관계들을 형성하지 않으면 상상할 수 없다. 하지만 하나의 배치 안에서, 이러한 관계들은 **우발적으로만** 정해질 수 있다. 논리적으로 필연적 관계들이 사유에 의해서만 탐구될 수 있다면, 우발적으로 정해지는 관계들은 두 종의 공진화 역사와 같은 경험적인 물음을 반드시 고려한다. 여기에 덧붙여서 들뢰즈는 구성 요소들의 이종성(heterogeneity)을 배치의 중요한 특징으로 생각한다. 들뢰즈는 생태계를 수없이 다른 식물과 동물종들의 배치로 생각하지만, 종들 그 자체는 배치로 생각하지 않는데, 자연선택 때문에 종들의 유전자풀(gene pool)이 균질화되어 있기 때문이다. 이하에서, 필자는 이종성을 배치의 불변 속성이 아니라 다른 값을 가질 수 있는 변수로 볼 것이다. 이렇게 하면 들뢰즈처럼 다른 범주를 끌어들이지 않고도 종들뿐만 아니라 생물학적 유기체들도 배치로 생각할 수 있게 된다.[10] 유기체를 배치로 간주하게 되면 유기체를 구성하는 기관들 사이의 통합이 긴밀해지더라도, 기관들 사이의 관계는 밀접하게 공진

---

10) 그래서 들뢰즈는 다음과 같이 쓰고 있다.
　　"배치란 무엇인가? 그것은 다양체다. 다양체는 이종적인 항들로 이루어지고, 나이, 성, 권세라는 각기 다른 본성들을 가로지르는 연결들, 연결들 사이의 관계들을 확립한다. 그러므로 배치의 유일한 통일성은 함께 기능한다는 바로 그것이다. 배치는 공생(共生)이고, '공감'(共感)이다. 배치는 중요한 분파들이 결코 아니라 동맹이고 합금이다. 이것들은 계승, 혈통이 아니라 감염, 전염병, 바람이다."(Deleuze and Parnet, *Dialogues II*, p.69)
　　유기체들과 종(種) 사이에도 존재하는 그러한 혈통을 배제한다는 것은 배치의 정의에서 유기체와 종을 배제한다는 의미다. 펠릭스 가타리와의 작업에서, 들뢰즈는 한편으로는 '배치'와 다른 한편으로는 '층'을 구분한다. 생물학적 유기체들과 제도적 조직들은 층으로 분류될 것이다. 나는 각주 22번 아래에서 설명된 이유 때문에 이러한 차이를 유지하지 않을 것이다.

화하는 역사적 결과처럼 논리적으로 필연적이지 않고 우발적으로만 정해진다. 이런 식으로 배치 이론은 유기체 이론으로부터 가장 귀중한 표본을 빼앗아 온다.

외재성의 관계에 덧붙여서, 배치라는 개념은 두 가지 차원에서 정의된다. 한 가지 차원은 축의 한 극단에서 순전히 물질적 역할로부터 또 다른 극단에서 순전히 표현적 역할에 이르기까지 배치의 구성 요소들이 수행할 수 있는 변동 가능한 역할을 정의한다. 이러한 역할들은 변화 가능하고 뒤섞여서 발생할 수도 있다. 즉 주어진 구성 요소는 능력의 집합들이 다르게 작용함으로써 물질적 역할과 표현적 역할이 뒤섞여서 작용할 수도 있다. 또 다른 차원은 이러한 구성 요소들이 관여되는 변동 가능한 과정들, 그리고 내적인 균질성의 정도나 경계의 선명도를 증가시킴으로써 배치의 정체성을 안정화하거나 불안정하게 만드는 변동 가능한 과정들을 정의한다. 전자가 **영토화** 과정이고 후자가 **탈영토화** 과정이다.[11] 동일한 배치는 그 배치를 변화시키거나 전혀 다른 배치로 변화되게 하는 구성 요소들은 물론이고 스스로의 정체성을 안정화하도록 작동하는 구성 요소들을

---

11) 들뢰즈와 가타리는 조금 다른 용어를 사용한다. 특히, 구성 부분들의 '물질적'·'표현적' 역할이란 말 대신에 그들은 '내용'과 '표현'의 선분(segment)에 대해서 이야기한다.
　　"우리는 이로부터 배치의 본성에 관해서 일정한 결론을 도출할 수 있다. 첫 번째, 수평축에서 보면, 배치는 두 개의 선분을 포함하는데, 하나는 내용의 선분이고 다른 하나는 표현의 선분이다. 한편, 배치란 신체의, 능동적이고 수동적인 **기계적** 배치이며, 서로 반응하는 신체의 혼합이다. 다른 한편, 배치는 행위와 언표의, **언표행위**의 집합적 배치이고, 신체에 귀속되는 비신체적 변환이다. 그런데 수직축에서 보면, 한편으로 배치는 영토적 측면, 즉 배치를 안정화시키는 재영토화되는 측면과 배치를 제거하는 **탈영토화**의 **첨단점**을 가지고 있다."(Deleuze and Guattari, *A Thousand Plateaus*, p.88)
　　'영토화'라는 용어를 제외하고 필자는 이 책에서 이와 같이 복잡한 용어를 사용하지 않을 것이다. 또한 각주 22번에서 설명하듯이, 두 가지 특성 말고도 필자는 층과 배치 사이의 차이를 제거하는 방법을 통해서 세 번째 특성을 사용한다.

가질 수 있다. 실제로, 동일한 구성 요소가 다른 능력의 집합을 발휘함으로써 두 과정 모두에 관여할 수도 있다. 네 가지 변수에 관한 간단한 사회적 사례들을 몇 가지 들어 보자.

물질적 역할을 수행하는 사회적 배치의 구성 요소들은 폭넓게 변하지만, 최소한 서로에게 적절하게 지향하고 있는(육체적 혹은 심리적으로) 인체들의 집합이 포함된다. 신체라는 배치의 고전적인 사례는 대면 대화이지만, 도시나 민족 국가를 지배하는 위계 조직뿐만 아니라 공동체를 구성하는 인적 네트워크도 사례가 될 수 있다. 공동체 네트워크나 제도 조직들은 신체의 배치이지만, 그것들 역시 음식과 육체노동을 비롯해서 간단한 도구나 복잡한 기계들에 이르기까지, 그 배치들의 물리적 장소 역할을 하는 건물과 구역에 이르기까지 다양한 물질적 구성 요소들을 가진다. 표현적 역할을 하는 구성 요소들을 사례로 들기 위해서는 배치 이론에서 표현성은 언어나 싱징으로 환원될 수 없기 때문에 수고가 필요하다. 물론 대화의 중요한 구성 요소들은 이야기의 내용이지만, 언어가 아니라 몸으로 표현되는 형식들(자세, 옷, 얼굴 표정)도 많다. 게다가 대화 당사자들은 대화의 내용이 아니라 대화의 방식, 더 나아가 화제의 선택을 통해서도 자기 자신을 표현할 수 있다. 이런 사례들이야말로 한 사람의 평판이란 관점(사람들이 대화 속에서 드러내고자 하는 이미지)에서 당사자가 언어를 통해서 표현한 내용만큼이나 중요한 비언어적인 사회적 표현들이다. 마찬가지로, 인적 네트워크에서 중요한 구성 요소는 구성원들 사이의 결속을 표현하는 것이지만, 이러한 표현들은 언어로 되어 있거나(약속, 서약) 행위로 드러날 수도 있어서, 결속은 말이 사용되지 않고서도 공동 희생이나 상호부조로 표현될 수 있다. 결국 위계 조직들은 공적으로 명령에 복종하는 바로 그런 행위가 물리적인 강제 없이 적법한 권한의 수용을 표현한다는

의미에서 언어나 구성원들의 행위로 구현될 수 있는 적법성 표현에 의존한다.[12)

영토화란 개념은 우선 문자 그대로 이해되어야 한다. 대면 대화는 항상 특정 장소(길모퉁이, 주점, 교회)에서 발생하고, 일단 당사자들이 서로를 인정하게 되려면 대화는 잘 정의된 공간적 경계를 필요로 한다. 마찬가지로, 많은 인적 네트워크들은 경계가 잘 설정된 소수 민족들의 거주 지역이든 작은 마을이든 공간적 영토에 거주하는 공동체를 정의한다. 한편 조직들은 대체로 특정 건물 안에서 작동하고 그 조직의 합법적 권한이 미치는 관할권은 조직들이 속해 있는 건물들의 물리적 경계와 일치한다. 정부 조직들이 예외이기는 하지만, 이 경우에도 조직의 관할권이 미치는 경계는 한 마을이나 주(州) 혹은 나라 전체의 경계처럼 지리적으로 규정되는 경우가 많다. 그래서 우선적으로 영토화 과정은 실제 영토의 공간적인 경계를 정의하고 선명하게 하는 과정이다. 한편으로 영토화는 또한 특정 범주의 사람들을 조직의 구성원에서 배제시키는 분류 과정이나 거주 지역의 민족적·인종적 균질성을 증가시키는 분리 과정처럼 배치의 내적 균질성을 증가시키는 비-공간적 과정을 지칭하기도 한다. 공간적 경계들을 불안정하게 하거나 아니면 내적 이종성을 증가시키는 모든 과정은 탈영토화로 여겨진다. 서신이나 믿을 만한 우편 제도에서 전보, 전화 그리고

---

12) 언어적 표현과 비언어적 표현 사이의 이러한 구분은 만일 언표의 의미론적 내용이 아니라 언표 내적 힘, 즉 발화 행위로 지칭하는 것으로 해석하지 않는다면, 앞의 각주에서 표현적 구성 부분들을 '언표행위의 집합적 배치'라고 언급하면 다소 모호해진다. Deleuze and Guattari, *A Thousand Plateaus*, p.80.
어쨌든, '언표'를 이런 식으로 해석하더라도, 배치 이론이 물리학, 생물학 그리고 사회학에도 똑같이 잘 적용된다는 생각에 직접적으로 반하는 사회적 사례들에만 적용되는 것처럼 보인다는 점에서 배치의 정의는 여전히 불편하다. 또한 각주 14번 참조.

컴퓨터에 이르는 통신 기술이 좋은 사례인데, 이 모든 것들은 함께 있어야 할 필요를 없어지게 함으로써 사회적 존재의 공간적 경계를 흐릿하게 만든다. 이런 것들 덕분에 장거리 대화가 가능해지고, 인적 네트워크가 정기적인 서신이나 전화 통화 혹은 컴퓨터 통신을 통해서도 이루어지며, 다른 나라에 있는 조직들이 동시에 작동할 수 있는 수단을 얻게 된다.

하나의 배치가 각기 다른 부분들로 분해되고, 물질적 역할이나 표현적 역할이 각 구성 요소에 할당됨으로써 이러한 접근 방식의 분석적 측면이 예증되면, 영토화 개념은 종합적 역할을 하게 되는데, 전체가 부분으로부터 나오고 일단 전체가 나온 후에는 그 과정에 의해서 산출되는 다소 영구적인 분절(articulation)을 통해서 정체성을 유지하기 때문이다. 하지만 배치 이론에는 영토화를 보충해 주는 또 다른 종합 과정, 즉 정체성을 산출하고 유지할 때 유전자와 낱말들처럼 특화된 표현적 존재들이 수행하는 역할이 있다. 비록 들뢰즈는 모든 존재들, 비생물학적이고 비사회적인 존재들까지도 표현할 수 있다고 생각하지만, 이렇게 특화된 존재들이 역사적으로 등장하면서 이 지구상에서 조합될 수 있는 전체의 종류가 엄청나게 복잡해졌다고 주장한다. 물리적 존재들이나 화학적 존재들도 표현할 수 있다는 생각에서 출발하는 이러한 관점을 상세하게 설명해 보자. 원자가 방사선과 상호작용 할 때, 원자의 내부 구조는 어떤 파장을 선택적으로 흡수해서 그 방사선 안에다 패턴을 만들어 놓는다. 사람이 만든 사진 속에서, 이러한 패턴은 그 원자가 속해 있는 화학종의 정체성과 독특한 방식으로 서로 관련되어 있는 흑백 띠들의 공간적 배열(분광사진)로 나타난다. 다시 말하면 흡수 패턴은 예를 들면, 천체물리학자들이 기존의 천체 과정에 존재하는 화학 원소들을 식별하는 데 사용될 수 있는 물리적 정보

라는 형식으로 화학종의 **정체성을 표현한다.**[13]

한편 이러한 표현성은 어떤 의미에서 확실히 기능적이지만은 않다. 즉, 정보 패턴은 객관적으로 존재하지만, 천체 물리학자(혹은 분광사진을 다룰 수 있는 사람)가 없는 상황에서 이 패턴들은 아무런 기능도 하지 않는다. 이 패턴들은 인간 유기체의 정체를 표현해 주는 지문에 비유될 수도 있지만, 신원 확인 과정의 일환으로 지문을 채취하고 저장해서 복원하는 법집행 조직이 존재하지 않으면, 사실상 생물학적 기능을 전혀 수행하지 못한다. 하지만 들뢰즈는 물리적 표현성이 그 기능을 발휘하게 되었을 때, 지구의 역사에 결정적인 문턱들이 몇 번 있었다고 주장한다. 첫 번째 문턱은 유전자 암호의 출현인데, 정보 패턴들이 존재의 완전한 삼차원 구조에 의존하지 않고 분리된 일차원 구조, 즉 기다란 핵산 사슬이 되었던 순간이다. 두 번째 문턱은 언어의 출현이다. 유전적 선형성이 여전히 인접성(contiguity)이라는 공간적 관계와 연계되어 있지만, 언어적 발성은 물리적 매개체로부터 훨씬 더 많은 자율성을 정보 패턴들에게 부여해 주는 **시간적 선형성을** 보여 준다.[14] 이러한 두 가지 특화된 표현의 유형

---

13) Edwin C. Kemble, *Physical Science: Its Structure and Development*, Cambridge, MA: MIT Press, 1966, pp. 126~127.

14) Deleuze and Guattari, *A Thousand Plateaus*, p.62. 들뢰즈와 가타리는 실체와 배치의 물질적 형태와 표현적 형태를 구분한다. 물질성은 단순한 실체가 아니라 형식화된 실체를 포함하고 표현성은 순수하게 형식적이지 않고 고유한 실체를 포함한다. 유전자와 언어의 분화는 실체와 표현 형식 사이의 분리로 개념화된다. 이후로 필자는 이러한 용어에 매달리지 않을 것이다. 필자는 얼굴 표정 혹은 **행위의** 표현성을 지칭하기 위해서 그리고 언어를 표현이라는 전문화된 매체로 지칭하기 위해서 물질적이고 직접적인 표현성에 대해서 이야기할 것이다. 하지만 독자는 들뢰즈와 가타리가 얼굴 표정을 '표현 내용'으로, 언어를 '표현 형식'으로 지칭한다는 점은 유념해야만 한다. 그들은 다음과 같이 주장한다. "한편, 언어는 새로운 표현 형식이 된다. … 이 실체는 근본적으로 음성적 실체이며 다양한 유기적 요소들, 성대뿐만 아니라 입과 입술, 얼굴의 전반적인 근육 신축 기능을 작동시킨다."(*Ibid.*, p.61)

들은 당연히 배치로 간주되어야만 한다. 모든 배치들과 마찬가지로, 이것들도 부분 대 전체의 관계를 드러낸다. 유전자는 선형적인 뉴클레오티드(nucleotide) 배열로 이루어지며 염색체를 구성하는 부분이다. 낱말은 음성이라는 소리와 글로 작성되는 문자의 선형적 배열로 이루어지고 문장을 구성하는 부분이다. 이러한 구성 요소들 가운데 어떤 부분들은 정보의 물리적 토대처럼 물질적 역할을 하고, 이러한 정보는 정교한 메커니즘을 통해서 유전 물질의 경우에는 단백질로 표현될 수도 있고 언어적 자료일 경우에는 의미로 표현될 수 있다.[15]

배치 이론에서 이런 식으로 특화된 두 가지 표현 매체는 두 번째 종합 과정을 위한 기초로 여겨진다. 영토화를 통해서 구성 요소들이 첫 번째로 분절되고, 유전자나 낱말들이 수행하는 **코드화**를 통해서 두 번째로 분절되면서 첫 번째 효과를 통합하고 더 나아가 배치의 정체성을 안정화시킨다.[16] 생물학적 유기체들은 영토화와 코드화를 통해서 종합되는 배치의 사례들이지만, 위계 조직과 같은 수많은 사회적 존재들도 마찬가지다. 사회적 존재에서 코드화 과정은 근대 관료제에서처럼 위계질서 안에서 행사되는 적법한 권한의 근원이 전통적이냐 합리적-합법적이냐에 따

---

15) 게다가, 유전자와 낱말을 영토화하거나 탈영토화하는 과정도 포함되어야 한다. 예를 들어, 언어의 물질성은 글쓰기가 출현하면서 영토화된다. 하지만 이러한 공간적인 정체성은 돌에 새기거나 종이에 잉크로 쓴 글이 전자기장 안에서 구어로 라디오로 전송되고 문어가 텔레비전으로 방송되는 형식으로 변조되면서, 탈영토화될 수도 있다. 그러니까, 언어에서 표현적인 부분, 즉 의미를 차지하는 내용이 탈영토화된다는 것은 개념화하기가 더 까다롭다. 들뢰즈는 이러한 개념화를 어떻게 따라잡을지 언질을 주고 있다. 특히 그는 이러한 과정에서 핵심적인 역할을 하는 것으로 특정한 의미론적 존재들, 즉 동사의 부정사형, 고유명사, 부정관사 등을 지목한다. *Ibid.*, pp. 263~264.

16) 들뢰즈와 가타리는 구성 부분으로부터 전체가 종합되는 과정을 이중 분절이라고 말한다 (*Ibid.*, pp. 40~41). (이 과정은 배치가 아니라 각주 22번 이하에서 보게 되는 층의 종합이라고 할 수 있다.)

라 다양하게 나타날 것이다. 생물학적 유기체들의 코드화는 권위의 신성한 근원을 확립해 주는 서사들에 의해 수행되고, 사회적 존재의 코드화는 각각의 공식적 역할에 관련된 권리와 의무를 하나하나 밝혀 주는 법령(constitution)에 의해 수행된다. 생물학적 유기체와 가장 가시적인 사회 조직들 모두 이중으로 분절된다는 사실에서 유기체 은유가 지닌 매력의 연원을 찾으려는 유혹이 있다. 생물학적 존재와 사회적 존재를 산출하는 이러한 과정의 동형성은 존재들의 유사성을 설명해 준다. 한편 이러한 실질적인 유사성 때문에 '전체로서의 사회'는 유기체와 같다는 생각이 허용되어서는 안 되는데, 수많은 사회적 배치들이 코드화되거나 영토화되지 않기 때문이다.

사실, 생물학 영역과 사회 영역에는 유기체 은유를 허용하지 않고 배치들을 만들어 내는 **탈코드화** 과정이 있다. 생물학에서, 이와 같은 탈코드화는 유전자에 의해 완고하게 프로그램화되지 않고 훨씬 유연한 방식으로 경험을 통해서 배우는 동물들의 행동으로 예시된다. 예를 들면, 이런 식의 탈코드화는 동물의 영역들, 그러니까 동물들이 정보 패턴(지문 종류의 패턴들)을 수동적으로 표현하는 데 머물지 않고 특정한 지리 영역을 차지하고 있는 주인으로서 자신의 정체성을 표현하면서 능동적으로 다양한 수단——대소변에서 울음소리, 몸 색깔 그리고 그림자(실루엣)에 이르기까지——을 이용하게 되면서 생성되는 배치들을 산출한다.[17] 탈코드화 과정의 결과를 보여 주는 사회적 사례는 친구들 사이의 비공식적 대화이다. 사회적 배치로서, 대화는 사람들 사이의 네트워크나 제도적 조직과 같은 동일한 지속성을 지니지도 않고 그런 대화를 유기체와 비교하려 시도하

---

17) *Ibid.*, p. 316.

고 싶어 하는 사람들도 없다. 하지만 대화에도 대화가 돌아가는 순번 같은 규칙이 있게 마련이다. 이러한 규칙이 공식적이고 엄격할수록, 이와 같은 사회적 행위를 하는 당사자들은 더 많이 코드화된다고 할 수 있다. 하지만 어떤 환경에서 이런 규칙들은 당사자들이 스스로의 신념이나 고유한 스타일을 표현할 만한 여지를 더 많이 갖게 되는 배치를 산출하게 되면 약화될 수도 있다.[18]

생물학적 배치와 사회적 배치의 정체성을 강고하게 만들어 주는 데 유전적 구성 요소나 언어적 구성 요소가 중요하지만, 이러한 배치와 다른 구성 요소들의 연결(link)을 내재성의 관계로 개념화하지 않는 것이 결정적이다. 즉, 유전자와 나머지 신체 조직 사이의 상호작용을 마치 상호작용을 통해서 신체 조직을 정의해 주는 본질을 구성하는 것처럼 파악해서는 안 된다. 그리고 언어와 주체의 경험 사이 혹은 사회 조직 사이의 상호작용에서도 마찬가지다. 배치 이론과 같은 접근 방식에서, 유전자와 낱말은 여타의 다양한 물질적·표현적 구성 요소들과 외재성의 관계를 맺고 있는 단순히 하나 이상의 구성 요소이고, 특화된 표현 방식에 기반하고 있는 코드화와 탈코드화 과정은 영토화와 탈영토화의 비유전적이고 비언어적 과정들과 작동한다. 이하에서 이 점을 강조하기 위해서 필자는 항상 언어를 마지막에 그리고 분리된 구성 요소로 다룰 것이다. 이렇게 함으로써 언어는 아니지만 마치 상징적인 것처럼 잘못 다루어진 표현적인 구성 요소들

---

18) 역사적으로, 당대의 핵심적인 제국들로부터 선진 문명의 혜택을 받을 수 없을 정도는 아니지만 멀리 떨어져 있던 고대 그리스 도시들에서는 친구들 사이의 대화가 다른 곳에서 비슷하게 만나더라도 경직되지 않도록 했던 조건들을 제공해 주었을 수도 있다. Gilles Deleuze and Félix Guattari, *What is Philosophy?*, New York: Columbia University Press, 1994, p. 87 참조. 사실 그리스는 탈영토화와 탈코드화가 혼합된 경우이다. 여기서 들뢰즈와 가타리는 탈영토화를 강조하지만 필자는 탈코드화도 개입된다고 주장한다.

을 명확하게 구별할 수 있게 되고 더 나아가 언어가 문제의 핵심에서 지금 껏 수십 년 동안 엉뚱하게 차지하고 있었던 위치에서 벗어나게 해야 한다 고 강조할 수 있게 된다.

배치를 완전하게 논의하기 위해서는 두 가지 문제가 더 논의되어 야 한다. 첫째는 물리적·생물학적 그리고 사회적 존재가 생겨나는 조립 (assembly) 과정, 즉 회귀(recurrent)로 개념화되어야 하는 과정을 주목해 야 한다. 그러니까 배치란 항상 아무리 작더라도 개체군(population), 동 일한 과정이 반복해서 발생함으로써 만들어지는 개체군으로 존재한다는 뜻이다. 집합체를 구성하는 배치들이 다양한 역능을 발휘하면서 서로 상 호작용을 하게 되면, 개체군들은 이런 식의 상호작용 덕분에 일정한 성장 률이나 배치 속성들의 평균적 배분과 같은 고유한 속성을 부여받게 된다. 두 번째 문제는 이러한 집합체 속에서 더 큰 규모의 배치들이 나타날 수도 있는 가능성과 관련이 있는데, 그러한 배치들에서는 개체군의 구성원들 이 구성 요소들이 된다. 다시 말하면, 집단의 구성원들 사이의 상호작용을 통해서 그 자체의 속성과 역능을 지닌 거대-배치들을 산출하는 다소 영 구적인 분절이 형성될 수 있다. 왜냐하면 이러한 지속적인 분절을 형성시 키는 배후의 과정들은 그 자체로 회귀적이기 때문에, 큰 배치들의 개체군 이 창조될 것이고 더 큰 배치들이 나타날 가능성으로 이어질 것이다.

어떤 공간적 규모에서 동일한 조립 과정의 회귀가 조합되고 연속적 인 규모에서 동일한 종류의 조립 과정들(영토화와 코드화)이 회귀하면서, 배치 이론은 미시적 수준과 거시적 수준의 사회적 실재가 연계되는 문제 에 접근하는 독특한 방식을 얻게 된다. 이 책에서는 미시적 규모와 거시적 규모의 연쇄 안에 배치들을 끼워 넣음으로써 우리가 어떻게 개인들의 수 준과 가장 큰 사회적 존재들의 수준 사이에 다리를 놓을 수 있는지를 보여 주는 구체적인 사례들을 제시하는 데 상당 부분을 할애하고 있다. 이러한 접근 방식의 한 가지 이점은 모호하게 정의된 일반적 존재들('시장'이나 '국가'와 같은)을 구체적인 배치들로 대체할 수 있다는 점이다. 예를 들면, 배치라는 접근 방식에서 '시장'은 무엇으로 대체될 수 있을까? 우선, 시장은 구체적인 조직(즉, 구체적인 장터나 상점가)으로 파악되어야 하고 그렇게 해서 시장은 사람들과 그들이 교환하는 물질적 상품들과 표현적 상품으로 이루어지는 배치가 된다.

게다가, 경제사학자 페르낭 브로델(Fernand Braudel)이 주장하듯이, 이런 조직들은 작은 마을과 그 주변의 시골 지역과 같은 구체적이고 물리적인 장소, 배치의 구성 요소로 간주되어야 하는 위치에 있어야 한다. 이런 점에서, 가장 작은 경제적 배치는 브로델이 주장하듯이, 항상

작은 시장 마을, 혹은 장터의 부지, 그 주변에 딸려 있는 마을들로 이루어진 복합체. 각각의 마을은 하루 안에 시장에 갔다가 되돌아올 수 있을 정도로 가까이 있어야만 한다. 하지만 이 단위의 실질적인 범위는 사용 가능한 운송 수단, 정착지의 밀도 그리고 해당 지역의 생산성에도 똑같이 의존하게 될 것이다.[19]

증기로 움직이는 운송 수단이 등장하기 이전에, 이러한 복합체들의 평균적인 규모는 어림잡아 160~170제곱킬로미터 정도로 다양했다. 중세 절정기에 유럽의 도시화가 심화되면서, 이러한 현지 시장들이 폭증했고

---

19) Fernand Braudel, *The Perspective of the World*, New York: Harper & Row, 1979, pp.280~282.

대규모 인구를 수용하는 유사한 배치들이 발생했다. 이렇게 되자, 이 정도의 인구를 수용하는 장터들 가운데 일부는 **지역 시장들**로 통합되어, 규모가 더 커지면서 면적이 평균적으로 1,500~1,700제곱킬로미터에 이르는 배치들이 되었다. 이러한 각각의 지역은 전형적으로 지역의 중심 역할을 하는 주요 도시와 식별 가능한 문화적 정체성을 드러냈다. 이 두 가지는 모두 더 큰 배치의 일부분들이다. 다음으로 지역 시장들보다 10배 정도나 더 큰 규모지만 내적인 동질성이 더 약화된 **지방 시장들**이 나왔다.[20] 마지막으로, 이러한 지방 시장들이 몇 개 결합되면서, 18세기 영국에 있었던 것처럼 **전국 시장들**이 등장했다.

이렇게 간단한 설명을 통해서 각기 다른 규모의 배치들에 대해서 아주 명확하게 상황을 파악할 수 있다. 이러한 배치들 가운데 일부는 다른 배치들의 구성 부분들이고, 다시 더 큰 배치들의 일부가 되기도 한다. 비록 필자는 지역 장터가 지역 시장으로 조립되는 이면의 역사적 세부사항들을 생략했지만, 각각의 경우에 더 큰 존재가 더 작은 존재들의 결합으로부터 창발하는 과정이 있었다는 것은 명확하다. 브로델이 주목하듯이, 전국 시장들은 "종종 모든 역경들, 예를 들면, 고유한 정책을 가진 지나치게 강력한 도시들, 중앙집권화를 거스르는 지방, 서로 갈라지는 생산과 교환의 이해관계는 물론이고 국경을 깨뜨리는 외부의 개입을 딛고 구성된 불규칙한 짜깁기의 네트워크였다".[21] 사실, 상황은 훨씬 더 복잡한데, 이러한 유형의 교역이 생겨났던 장거리 교역과 국제 시장을 생략했기 때문이다. '시장'으로 구체화된 일반론보다 이렇게 훨씬 간단하게 처리된 서술이

---

20) *Ibid.*, pp.282~284.
21) *Ibid.*, p.287.

더 유용하다.

이제 배치 이론의 중요한 특징을 요약해 보자. 우선, 내재성의 관계 (즉, 부분들의 바로 그 정체성을 구성하는 관계들)에 의해 부분들이 연결되는 전체와 달리, 배치들은 자립적인 부분들과 외재성의 관계에 의해서 분절되는 부분들로 구성된다. 그래서 부분이 떨어져 나와서 또 다른 배치의 구성 요소가 될 수 있다. 배치는 두 가지 차원에 따라 특징지어진다. 첫 번째 차원에 따라 순수하게 물질적 역할에서부터 순수하게 표현적 역할에 이르기까지, 더 나아가 두 가지가 혼합되어서 구성 요소들이 만들어 낼 수도 있는 가변적인 역할들이 명시된다. 두 번째 차원은 이러한 구성 요소들이 관련되는 과정들, 즉 배치의 정체성을 안정시키거나 불안정하게 하는 과정들(영토화와 탈영토화)을 특징짓는다. 이 책에서 사용된 배치 이론에는 세 번째 차원이 추가된다. 그것은 전문화된 표현 매체가 끼어드는 과정들, 배치의 정체성을 통합하고 견고하게 하거나 반대로 배치가 유전적이거나 언어적 자원들(코드화와 탈코드화 과정)로부터 혜택을 보는 동안 더욱 유연하게 작동하도록 일정한 범위를 허용해 주는 과정들을 정의하는 여부의 축이다.[22] 이 모든 과정들은 회귀적이고 배치들의 가변적인 반복

---

22) 이러한 논의는 들뢰즈와 가타리 두 사람의 배치 이론에서 벗어나는 것이다. 두 사람은 세 가지 차원이 아니라 두 가지 차원에서 배치를 정의하기 때문이다. 하지만 두 사람은 현실적 존재로, 층(層, strata)과 배치 두 가지 범주를 끌어들일 수밖에 없었다. 특히 동일한 목표가 배치 개념에 세 번째 차원이 추가됨으로써 달성될 수도 있을 때, 이러한 대립 관계를 사용하는 것이 설명을 불필요하게 복잡하게 만들 것이다. 그들은 층과 배치의 대립은 상대적이라고 생각했던 것이 다음을 보면 분명해진다.
"이러한 관점에서, 우리는 배치의 일관성과 환경의 층화를 대립시킬 수 있다. 하지만 다시 한 번, 이러한 대립은 상대적일 뿐이며 전적으로 상대적이다. 마치 환경이 층 상태와 탈층화 운동 사이에서 왔다 갔다 하듯이, 배치들은 재층화하는 경향이 있는 영토 폐쇄와 우주와 연결시켜 주는 탈영토화 운동 사이를 왔다 갔다 한다. 따라서 우리가 찾고 있는 차이는 배치와 다른 어떤 것들 사이가 아니라 가능한 배치의 두 극단 사이에 있다는 것이 놀라운 것이 아니

은 배치들의 모든 개체군들을 종합한다. 이러한 개체군들 안에서, 여타의 종합적 과정들은 영토화와 코드화라는 특징을 가질 수도 있지만 전형적으로 완전히 다른 메커니즘에 관련되면서, 원 개체군의 일부가 구성 부분들이 되는 더 큰 규모의 배치를 발생시킨다.

이 장의 결론을 내리면서 배치 이론의 종합적인 측면을 자세하게 설명하고자 한다. 특히, 다양한 메커니즘에 의해 예시될 수 있는 영토화와 코드화 과정에 대해서 말한다는 것은 메커니즘이 어떤 것인지 정확하게 알고 있다는 뜻이다. 비유기적 배치와 유기적인 배치의 경우에, 이러한 메커니즘들은 주로 인과적이지만 반드시 **선형적 인과성**을 의미하지는 않기 때문에 첫 번째 과제는 인과성 개념을 확장해서 비선형적 메커니즘을 포괄하는 것이다. 한편 사회적 배치는 인과적 상호작용에다가 이유와 **동기**를 포함하는 메커니즘들로 이루어져 있다. 그래서 두 번째 과제는 사회적 배치들의 작용을 설명할 때 이러한 주관적인 구성 요소들이 어떤 역할을 하는지 밝혀 주는 것이다. 첫 번째 과제가 중요한데, 선형적 인과성의 결점

다."(Deleuze and Guattari, *A Thousand Plateaus*, p.337)
게다가, 들뢰즈는 두 가지 형태의 탈영토화를 구분한다. 첫 번째 형태인 **상대적 탈영토화**는 배치의 정체성을 불안정하게 하고 개방하여 또 다른 정체성('재영토화'라고 하는 과정에서)을 산출할 수 있는 변환에 이르는 과정을 지칭한다. 두 번째 형태는 상당히 달라서 **절대적 탈영토화**라고 지칭된다. 두 번째 형태에서는 훨씬 더 근본적인 정체성의 변화가 일어난다. 즉, 무차별적 혼돈으로 빠져들지는 않지만 정체성 전반이 상실된다. 배치는 현실적 존재들로 실존하지만 조립 과정의 구조(이러한 과정들에 반복적 본성을 부여하는 것, 또는 그것들이 맨 먼저 반복될 수 있는 것으로 설명되는 것)는 현실적이지 않고 잠재적이다. 탈영토화가 절대적이라면, 그 과정은 현실적 실재를 떠나서 잠재적 차원에 도달했다는 뜻이다. 이런 의미에서, 이 용어는 배치의 잠재적 구조를 정의하는 내재적 다양체들의 평면을 창조하는 극한 과정으로서 '반'(反)-현실화와 같은 뜻이다. 위의 인용에서 언급된 이러한 두 극한은 한편으로는 매우 영토화되어 있고 코드화된 배치이고, 다른 한편으로는 외재성의 관계를 통해서 연결된 모든 배치의 잠재적 구조를 포함하는 내재성의 평면이다. 2장에서 필자는 배치의 잠재적 구조라는 문제를 배치의 '다이어그램'이란 개념을 사용해서 논의한다.

들이 종종 풀리지 않는 유기적 통일성에 대한 믿음을 정당화하는 데 사용되어 왔기 때문이다. 다시 말하면, 전통적으로 세계를 호혜적 행위의 매끈한 망이나 기능적 상호의존성이라는 통합된 전체성으로 혹은 무제한적이고 보편적인 상호접속의 덩어리라고 가정하는 것은 기계적 세계를 결합해 주는 접착제인 선형적 인과성에 반대하기 위한 것이었다. 그러므로 만일 배치가 전체성을 대체해야 한다면 창발적 속성들의 종합 이면의 복잡한 메커니즘들이 적절하게 밝혀져야만 한다.

'같은 원인에는 항상 같은 결과'라는 선형적 인과성 공식은 한 덩어리의 우주라는 가정에 핑계를 제공해 주었을 뿐만 아니라 인과관계라는 개념에 해로운 영향을 주었다. 특히, 이 공식과 어떤 논리적 함의('C라면 반드시 E이다')와의 유사성 때문에 인과관계는 기본적으로 원인이 발생하면 결과가 발생한다는 의미라고 많은 철학자들이 잘못 생각하게 만들었다. 그러나 만일 인과성이 객관적 종합에 기초를 제공한다면, 인과적 관계들은 **생산적인 것**(productive)으로, 즉 하나의 사건(원인)이 사건을 암시하는 것으로 그치는 것이 아니라 또 다른 사건(결과)을 생산하는 관계로 간주되어야만 한다.[23] 인과성에 의해서 생산적으로 접속된 사건들은 기계적 결합처럼 단순하거나 원자적 사건이 될 수도 있다. 하지만 인과성은 전체를 구성하는 구성 부분들과 같이 복잡한 존재들을 접속할 수도 있다. 이런 경우에, 존재 그 자체는 원인으로 작용할 수 없는데, 존재는 사건이 아니기 때문이고 속성을 정의하는 변화가 원인이 될 수 있는 것은 단순한 양적 변화라도 변화는 사건이기 때문이다. 같은 이유로, 복잡한 존재에 의해 수행되는 행위들이 원인이 될 수도 있다.

---

23) Bunge, *Causality and Modern Science*, p.47.

선형적 인과성은 전형적으로 원자적 사건들로 정의되지만, 일단 여기서 출발해서, 존재의 내적 조직이 외적인 원인에 의해 영향을 받는 방식으로 수행될 수 있는 역할을 고려해야만 한다. 예를 들면, 이러한 내적 조직은 강도가 강한 외적 원인이 강도가 낮은 결과(혹은 결과가 없는)를 생산하거나 그 반대로 작은 원인이 큰 결과를 낳을 수도 있는 상황을 결정할 수 있다. 이것들은 비선형적 인과성의 사례들이다. **비선형적** 인과성은 외적 원인들이 결과를 산출하지 못하는 한계점들의 위나 아래, 즉 인과적으로 영향을 받은 존재의 역량들을 결정하는 한계점들에 의해서 규정된다. 어떤 경우에는, 영향을 받은 이러한 능력은 외적인 원인들이 결과에 대한 단순한 **방아쇠**나 **촉매**가 된다는 점에서 우위를 차지할 수 있다. 붕게가 주장하듯이, 이런 경우에 "외부에서 발생한 원인들은 적절한 본성과 사물의 내적 과정들을 장악하는 범위에서만 유효하다".[24] 촉매 작용은 선형성을 심각하게 침해한다. 촉매 작용은 하나의 내부 상태로부터 또 다른 내부 상태까지 스위치가 각기 다른 자극에 의해 눌러질 때처럼 여러 가지 원인들이 동일한 결과를 초래할 수 있고, 호르몬이 식물의 끝부분에 작용하면 성장을 촉진하지만 식물의 뿌리에 작용하면 성장을 멈추게 하는 경우처럼, 동일한 원인이 전체의 부분에 의존하는 매우 다른 결과들을 생산할 수도 있기 때문이다.[25] 하지만 내부 과정들(혹은 내재적 조직)을 지칭한다고 해서 비선형적이거나 촉매적인 상호작용들이 내재성의 관계들에 대한 사례들이라고 할 수 없다는 점을 강조하는 것이 중요하다. 내부 과정들은 어떤

---

24) *Ibid.*, p.178. 붕게는 유효한 내적 인과 작용을 도입한 인물이 스피노자와 라이프니츠라고 여기고 있다. 질 들뢰즈는 이러한 전통을 이어 영향을 주는 능력과 영향을 받는 능력에 동일한 중요성을 부여한다.

25) *Ibid.*, p.49.

존재의 구성 부분들 사이의 단순한 상호작용이지 이런 부분들이 상호적으로 구성된다는 뜻은 아니다.

선형성으로부터 벗어나는 이 두 가지 이탈은 공식의 첫 번째 부분('같은 원인, 같은 결과')을 침해하지만 두 번째 부분('항상') 역시 도전을 받을 수도 있다. 두 번째 부분이 침해되면서, 엄밀한 필연성이 관련된 부분은 단일한 존재들이 아니라 그러한 존재들의 거대한 개체군을 고려하기 시작하면서 중요해지는 인과성의 형식인 **통계적 인과성**으로 귀결된다. 그러므로 특정 흡연자 집단에서 누군가가 "흡연은 암의 원인이 된다"고 말한다고 해서, 반복되는 하나의 사건(흡연)이 모든 경우마다 동일한 사건(암의 발병)을 초래한다고 주장할 수는 없다. 그 집단의 구성원들이 가지고 있는 유전적 기질 역시 고려되어야만 하고 원인은 사건 발생 비율이 높을 때만 결과를 발생시킨다는 의미가 된다. 더 나아가 통계적 인과성은 집단의 구성원들이 가지고 있는 복잡한 내재적 과정들에 좌우되지 않는다. 이러한 내재적 조직이 없다면, 실험실의 조건 이외에서는 어떠한 사건들도 그 사건에 끼어들 수도 있는 또 다른 사건으로부터 완전하게 격리되어서 발생하지 않는다는 결론을 얻을 수 있다. 유전적으로 동일한 인간들 집단에서도 흡연이 항상 암의 발병으로 나타나는 것은 아닌데, 다른 활동들(예를 들면, 운동)이 그 결과를 억제하는 데 일정한 역할을 할 수 있기 때문이다. 집단 내의 외재적 원인들에 대해서 우리가 가장 강력하게 주장할 수 있는 것은 그 원인들이 특정한 결과가 발생하는 데 **개연성을 증가시켜 준다**는 점이다.[26]

---

26) Wesley C. Salmon, *Scientific Explanation and the Causal Structure of the World*, Princeton, NJ: Princeton University Press, 1984, pp.30~34.

배치들이 다른 배치들의 구성 부분들(비선형적이고 촉매적인 인과성 배후에서 내적 조직을 초래하는)이 될 수 있고, 배치들이 항상 집단들을 산출하는 회귀적인 과정의 산물이라는 점에서 배치 이론은 인과적 생산성이라는 복잡한 형식들(통계적 인과성과 관련하여)을 수용할 수 있다는 것은 분명하다. 그리고 이렇게 할 때, 매끈한 망이라는 이미지를 사용하려는 유혹에서 벗어나게 된다. 예를 들면, 부분들 사이에 상호 결정 형식이 있다는 생각은 피드백과 관련되는 비선형적 메커니즘(자동 온도 조절 장치의 특징인 부정적 피드백과 같은), 즉 전체의 부분들 사이의 융합을 내포하지 않는 메커니즘을 통해서 수용될 수 있다. 통계적 인과성이라는 근원에서 생겨나는 독립적인 사건들 사이의 우연한 만남은 총체성과 총체성이 함축하는 덩어리 우주를 제거하는 데도 기여할 수 있다. 붕게는 다음과 같이 주장한다.

> 덩어리 우주라는 학설이 허위라는 확실한 기준은 우연적(즉, 통계적으로 결정되는) 현상들이 존재한다는 것이다. 이런 현상들 대부분은 각기 다른 존재들의 상대적 독립성, 즉 상대적 상호 우발성이나 무관함에서 나온다. 상호 독립적으로 존재하는 진화의 노선은 꽉 찬 덩어리 우주를 가장 효과적으로 느슨하게 만들어 주는 제한된 증식 속도뿐만 아니라 거리에 따른 물리적 상호작용의 감소 때문에 안전해진다.[27]

구성 요소들이 배치 안에서 하는 물질적이고 표현적인 두 가지 역할은 이런 식으로 각기 다른 인과성의 형식과 관련된다. 물질적 구성 요소들

---

27) Bunge, *Causality and Modern Science*, pp. 100~101.

은 인과적 상호작용 전체를 포함하지만, 표현적 구성 요소들은 전형적으로 촉매를 의미한다. 예를 들면, 일정한 영역에 사는 동물들이 자기의 정체성을 표현할 때 사용하는 냄새, 소리 혹은 색깔은 적과 잠재적 짝 모두에게 행동 반응의 방아쇠로만 작용한다. 그리고 적이나 잠재적 짝은 반드시 이런 방식에 영향을 받을 수 있는 복잡한 신경계를 가지고 있어야만 한다. 이것은 유전자의 경우에도 마찬가지인데, 유전자들은 세포막의 구성 요소들처럼 물질적 역할을 하는 단백질에도 유전 암호를 지정하지만, 많은 경우에 매우 효과적이고 명확한 촉매인 효소에 유전 암호를 지정한다. 한편 언어는 발화자와 청취자 모두 복잡한 내재적 조직을 가지고 있다는 가정하에 전형적으로 촉매 역할을 한다. 하지만 이러한 내재적 질서는 물질적 원인들(신경계를 가지고 있다는 식의)로는 일부만 설명되는 더욱 정교한 메커니즘을 함축한다. 특히 언어적 방아쇠(단결, 합법 혹은 명성이라는 비언어적 표현에 의해서도)에 의해서 영향을 받는 인간의 능력은 **행위의 이유**와 관련된 설명이나 어떤 경우에는 **동기**와 관련된 설명을 요구한다. 거칠게 말해서, 이유는 전통적 가치나 사람의 감정에 의해서 예시될 수 있지만 동기는 명시적인 선택과 목표와 관련된 특별한 종류의 이유이다.[28]

　　사회학자 막스 베버가 오래전에 주장했듯이, 원인, 이유 그리고 동기는 사회적 행위, 즉 다른 사람들의 행동에 따라서 방향이 정해지는 행위를 해석할 때 결합된다. 베버는 다음과 같이 기술한다. "구체적 행위 과정을 정확하게 인과적으로 해석하면 공개적인 행위와 동기들이 정확하게 이해되고 동시에 그것들의 관계가 의미 있게 이해될 수 있는 순간에 도달하게

---

28) R. S. Peters, *The Concept of Motivation*, London: Routledge & Kegan Paul, 1960, p. 29.

된다."[29] 베버가 '인과적 해석'이라고 말했다는 사실은 그의 이해의 방법을 공부하는 대부분의 사람들에게 쉽게 무시된다. 이러한 방법은 결코 모든 사회 행위가 텍스트처럼 읽힐 수 있다거나 모든 사회적 행동이 법률로 만들어진 문서로 다뤄질 수 있다는 결론을 허락하지 않는다.[30] 베버의 방법을 잘못 평가하게 된 근거는 '의미'란 단어의 두 가지 다른 뜻, **의미작용**(signification)과 의미(significance)를 혼동하기 때문이다. 앞의 단어는 의미의 내용을 지칭하고 뒤의 단어는 중요성 혹은 관련성을 지칭한다. 베버가 '의미 있게 이해될 수 있는' 사회적 행위라고 썼을 때 염두에 두었던 것은 의미작용이 아니라 의미였다는 것은 베버가 자신의 방법이 목적에 **부합하는 수단**과 관련된 사례, 즉 선택이나 목적과 관련된 사회적 행위에 적용되었을 때 가장 효과적이라고 생각했다는 사실로 미루어 보면 분명하다.[31] 이러한 행동들을 이해하거나 사리에 맞다고 생각하려면 전형적으로 목표가 추구되거나 문제가 해결되는 방식의 타당성 또는 절차상 특정 단계의 관련성이나 중요성을 평가해야 한다. 이러한 행동들 가운데 일부는 대장장이, 목수, 요리사의 행위처럼 일련의 행동들이 물질적 대상들과 상

---

29) Max Weber, *The Theory of Social and Economic Organization*, New York: Free Press of Glencoe, 1964, p.99.

30) "내가 신봉하는 문화 개념은 … 본질적으로 의미론적인 것이다. 막스 베버와 함께, 인간은 그 자신이 짜낸 의미의 망에 걸린 동물이라고 믿으면서, 나는 문화를 그러한 망으로 끌고 온다. 문화의 분석은 그러니까 법칙을 찾아내는 실험 과학이 아니라 의미를 찾는 해석 과학이 되어야 한다."(Clifford Geertz, "Thick Description: Toward an Interpretive Theory of Culture", *The Interpretation of Culture*, New York: Basic Books, 1973, p.5. 강조는 인용자) 기어츠는 '의미의 망'이란 말과 같은 의미인 표현인 것처럼 '의미의 구조'라는 말을 계속 사용하는데, 이는 내가 여기서 논의하고 있는 실수를 예시하려는 술책이다. 한편 '중층 기술' (thick description)이라는 기어츠의 문화적 실천은 기술적 전략을 옹호하여 설명적 전략을 거부했지만, 어떠한 사회적 설명을 할 때 **출발점**으로 매우 값진 것이란 점은 인정해 줘야만 한다.

31) Weber, *The Theory of Social and Economic Organization*, p.91.

호작용을 한다는 의미에서 인과적 관련성을 평가하는 것이 된다. 하지만 물질세계와 상호작용을 하는 문제가 아니더라도, 목표 지향적인 언어적 수행을 판단하는 문제는 전형적으로 논증의 타당성이나 정보의 관련성에 관한 것이지 의미론에 관한 것은 아니다. 목적에 부합하는 수단은 설명의 일부로 동기가 필요한 사회적 행위의 사례이다.

이유와 연관된 사회적 행위의 사례는 어떤가? 이런 유형의 사회적 행위의 사례들은 의미론적 해석을 전혀 포함하지 않을 수 있다. 이러한 사례들은 전통의 무게나 감정의 강도가 다음과 같은 사례들이다. 즉, 연관된 사회적 행위들이 "의미 있게 방향이 정해진 행동이라고 정당하게 일컬어질 수 있는 경계선상에 아주 가깝게 있거나 종종 그 반대편에 있을 수 있는 사례들이다".[32] (반대편은 습관적이거나 감정적 자극에 의해서 촉발되는 반응에서처럼 순수하게 인과적 용어들로 설명되는 사회적 행위들이다.) 하지만 인과적 이유들로 환원되지 않고 사회적 행위자들의 어떠한 의도적 선택도 포함되지 않는 이유들로 설명되는 사례들도 있다. 이러한 사례들에서, 사회적 행위를 사리에 맞다고 여기는 것은 적법한 질서에 존재하는 **믿음**이나 그러한 질서와 연관된 기대에 부응하는 **욕망**과 같은 이유를 제공한다는 의미이다. 믿음과 욕망은 의미론과 관련된 한에서 평서문의 의미에 대한(즉, 명제에 대한) 태도로 다루어질 수 있다. 명제 태도 역시 물론 어떤 수단의 인과적 타당성과 바람직한 목표에 대한 믿음처럼 동기에 의해서 설명되는 사회적 행동과 관련이 있다. 그러나 행위에 대한 전통적인 이유의 경우에, 인과적 타당성은 동기를 부여해 주는 요인이 아닐 수 있고 행위 과정의 바람직함은 특정한 목적에 좌우되지 않을 수 있다.[33] 종교 교

---

32) *Ibid.*, p.116.

리를 구성하는 명제들 사이의 관계처럼 명제 자체 사이의 관계가 사회적 행위를 이해하는 데 중요한 의미를 갖게 되는 경우는 이것이 유일하다. 하지만 이런 경우에도 관련된 신성한 문헌을 의미론적으로 해석해 주고 구체적 행위 과정을 설명하기 위해서 각기 다른 부분들의 문헌에 상대적인 중요성을 부여해서 평가해 주는 것이 필요할 것이다.

베버의 방법론은 사회적 배치들에서 메커니즘의 문제에 접근하는 길을 제시해 준다. 이 메커니즘에는 항상 원인, 이유, 동기가 복잡하게 뒤섞여 있다.[33] 사회적 메커니즘의 혼합적인 본성을 인정하지 않으면 사회과학에서 오해와 신비화의 근원이 될 수 있다. 예를 들면, 수단이 목적에 성공적으로 부합하는 사회적 행위들에 전통적으로 '합리적'이란 꼬리표를 붙인다. 하지만 이런 꼬리표는 다음과 같은 사실을 이해하기 어렵게 만든다. 즉, 이러한 행위들에는 다른 종류의 문제 해결 기술들('합리성'과 같은 단 하나의 정신 능력이 아니라)이 포함되어 있고 실질적인 문제들을 성공적으로 해결했다고 설명하려면 행위자의 머릿속에서만 계산된 것이 아니라 목표를 달성하는 수단과 물리적으로 상호작용하듯이, 적절한 인과적 사건들에 대한 고려가 있어야 한다는 사실이다. 마찬가지로, 전통적인 관례를 설명하면서 사람들은 이것들을 의례나 의식으로 환원할 수 있지만 (그리고 이것들에 '비이성적'이란 꼬리표를 붙일 수 있다), 그렇게 하면 계승된 관례들이 사실상 연속된 세대들에 의해서 서서히 다듬어진 문제 해결 절차라는 사실을 이해하기 어렵게 된다. 이러한 실질적인 관례들은 의례에서 사용되는 상징주의로 덧씌워질 수 있고 동시에, 식물이나 흙과 같은 물질적 존재들과 인과적 상호작용을 성공적으로 해낼 수도 있다.

---

33) *Ibid.*, p.117.

객관적이고 주관적인 구성 부분들을 보존하면서도, 사회적 메커니즘 들은 다양한 인과적 상호작용을 포함해야만 한다. 즉 비선형적 인과성을 규정하는 한계점들은 하나의 행위자에서 다른 행위자로 바뀔 수 있고(그래서 동일한 외적 원인이 다른 것이 아니라 어느 하나에만 영향을 줄 수 있다) 개별 행위자들의 행동에 나타나는 인과적 규칙성은 베버가 주장했듯이 오직 확률적이라는 것을 고려해야만 한다.[34] 통계적 인과성은 행위자들의 집단을 고려하면 훨씬 중요하다. 그러므로 동기에 의한 설명의 경우에, 우리는 개별 행위자들이 의도적 선택을 할 수 있고 어떤 경우에는 그러한 의도적 행위가 사회적 제도(예를 들면, 근대 국민 국가의 성문 헌법)를 만든다는 것을 인정할 수 있으며 동시에 거대한 사회적 배치의 종합은 많은 경우에 의도적 행위의 **집단적이고 비의도적인 결과**, 즉 일종의 통계적 결과로 달성된다고 주장할 수 있다. 한편 이유에 의한 설명의 경우에, 관련된 믿음과 욕망이 가족이나 학교를 통한 사회화의 결과라면 집단적인 양상이 이미 고려되었을 수 있다. 덧붙이자면, 이러한 사회화는 반드시 확률적 조건에서 이해되어야 한다. 유전자가 식물과 동물의 물질적 특성에 어느 정도나 영향을 미치는지는 확률의 문제(선형적이고 인과적인 결정론이 아니라)이고, 그러므로 우리가 물질적 속성에 나타나는 변이의 통계적 분배에 관심을 가지고 있는 집단을 설명할 때도 마찬가지로 사회화의 영향이 항상 변화하기 쉬운 것으로 묘사되어야 하고 이러한 변이가 어떻게 특정한 집단에 분배되는지가 바람직한 연구 대상이 되어야 한다.

---

34) "그러므로 인과적 설명은 특정 사건(공공연하게 혹은 주관적으로)이 또 다른 사건 다음에 이어지거나 동반될 것이라는 개연성(이상적인 상황에서는 숫자로 언급되지만 어떤 의미에서 항상 계산 가능한)을 결정할 수 있는지에 달려 있다." (*Ibid.,* p.99)

이것으로 배치 이론에 대한 소개를 마무리 짓는다. 다음 장에서는 내가 이 장에서 생략했던 유일한 구성 요소(배치의 위상학적 다이어그램)를 추가할 것이고 그런 다음에는 배치의 존재론적 상태가 적절하게 해명될 것이다. 배치와 총체성을 구분할 때 두드러지게 관련되는 부분 대 전체의 관계에 대한 논의를 확장해서 배치 이론이 미시와 거시 수준의 사회 현상들 사이에 관련되는 문제를 구성하는 데 어떻게 도움을 줄 수 있는지 좀 더 자세하게 밝힐 것이다. 일단 문제가 정확하게 제기되면 다른 장에서는 해법을 구체적으로 소개할 것이다.

2장 _ 본질에 반대하는 배치

많은 사회학자들이 실재론에 반대하는 자신들의 논거를 정당화하기 위해 본질주의를 끌어들인다. 이 분야의 비평가들이 영속적이고 정신-독립적 정체성을 지닌 사회적 존재를 인정한다고 주장하는 것은 그 존재의 정체성을 규정하는 본질이 존재한다는 뜻이다. 하지만 이러한 본질은 정확하게 무엇을 의미하는가? 오늘날 아주 소수의 실재론자들은 존재론적으로 영구적인 원형이 존재한다고 주장하지만, 본질들이 주입된 본질주의에는 더 미묘한 형태들이 있어서, 이를테면 분류학자들은 자신들의 분류법으로 만들어 낸 일반적 범주들을 **구체화한다**. 따라서 이 장을 시작하면서 배치 이론이 어떻게 일반성으로 구체화된 존재를 전제하지 않는지를 설명하는 것이 중요하다.

플라톤주의의 변형과는 다른 분류학적 본질주의는 위대한 철학자 아리스토텔레스의 연구로 거슬러 올라갈 수 있다. 아리스토텔레스는 존재를 세 가지 수준의 위계, 즉 유(類), 종(種), 개체로 분류하는 방법을 만들어 냈다. 예를 들어, 논의되는 유가 '동물'이라면, 이 유를 더 낮은 단계로 나누는 차이(예컨대, '두 발 달린'이나 '네 발 달린' 동물)를 찾아내야 한다. 이러한 새로운 단계는 다시 차이의 차이를 통해서 더 낮은 등급으로 나누어질 수 있다. 하지만 여기서 아리스토텔레스가 다음과 같이 말했기 때문에 반드시 주의를 해야 한다. "발 달린 동물 중 어떤 종류는 날개가 있고 또 어떤 종류는 날개가 없다고 말하는 것은 적절하지 못하다. 하지만 어떤 종류는 발굽이 갈라져 있고 또 어떤 종류는 발굽이 갈라져 있지 않다고 말하는 것은 정확하다. 왜냐하면 이것들은 발의 차이를 가지고 분류하기 때문이다."[1] 이러한 방법론을 통해서 우리는 더 이상 차이를 찾아낼 수 없는 종의 단계(인간 혹은 말)에 도달하게 된다. 물론 이 종들은 더 나누어질 수도 있다. 인간을 흑인과 백인, 음악성이 있는 사람과 음악성이 없는 사람, 정의로운 사람과 정의롭지 못한 사람으로 나눌 수 있는데, 이런 것들은 필연적인 차이들이 아니라 개체들을 고유명사로 정의하는 우연적인 조합에 불과하다.[2] 우리가 존재의 본질 혹은 바로 그 본성을 찾을 수 있는 것은 종의 단계나 근대 철학자들이 '자연종'이라고 부르는 단계에서이다.[3]

물론 진화론에서는 이러한 논증 방식을 인정하지 않는다. 어떤 동물 종을 다른 동물 종과 구분시켜 주는 속성은 유기체들 사이의 차이를 만들어 내는 속성들과 마찬가지로 우발적이다. 종의 속성은 그것이 발생했던

---

1) Aristotle, *The Metaphysics*, Buffalo, NY: Prometheus Books, 1991, p.155.
2) "하나인 것은 한편으로 단순히 우연적으로 하나이며, 다른 한편으로 제 본성에 의해 그 자체로 하나이다. 예를 들어, 코리스코스와 교양 있는 것과 교양 있는 코리스코스는 우연적으로 하나이다. 왜냐하면 '코리스코스와 교양 있는 것'과 '교양 있는 코리스코스'를 말하는 것은 같기 때문이다. 그리고 '교양 있는 것과 정의로운 것', '교양 있는 코리스코스와 정의로운 코리스코스'도 각기 하나이다. 왜냐하면 이것들은 모두 우연적으로 하나이기 때문이다."(*Ibid.*, p.97)
3) "바로 그러한 사물의 본성은 유로서의 종이 아닌 것들 중에서는 발견되지 않을 것인데, 종은 분유(分有, 나누어 가짐)와 성질에 따라서 말해지지도 않고, 우연적 속성으로도 말해지지 않기 때문이다."(*Ibid.*, p.136)

것과 마찬가지로 발생하지 않았을 수도 있는 진화 과정의 결과이다. 특정한 종의 영속적인 정체성은 유전적 구성 요소들이 축적되어 더 광범위하게 적응할 수 있는 방향으로 조정되는 다양한 형태의 자연선택(육식 동물, 기생 동물, 기후)의 관점과 생식 공동체가 서로 짝짓기를 할 수 없을 때까지 점차 두 개의 다른 공동체로 분리되는 과정을 통해서 설명된다. 첫 번째 과정을 통해서 종의 미분적 속성이 나타나고, '생식 격리'[4]라고 하는 두 번째 과정에서는 외부의 유전적 흐름에 유전자풀을 닫음으로써 다소 영구적인 속성들이 만들어진다. 이러한 격리는 절대로 관통할 수 없는 장벽을 만들어 내지는 않는다. 예를 들어, 많은 식물 종들은 다른 식물 종들과 유전자를 교환하는 능력을 유지하고 있어서, 결국에 종들의 정체성이 흐릿해진다. 하지만 인간처럼 생식적으로 완전하게 격리된 동물의 경계조차도 생명공학을 활용하거나 경계의 우발적 본성을 확인해 주는 RNA 종양 바이러스가 작용해서 깨질 수 있다.

유기체와 종은 영속적으로 우발성이란 속성을 공유하고 있는 데다가 둘 다 태어나고 죽는다는 점에서도 같다. 생식 격리는 종 분화의 한계점, 즉 새로운 종의 역사적 탄생을 표시하며, 멸종은 마찬가지로 역사적 죽음을 정의한다. 이것이 의미하는 것은 생물학적 종은 그것을 구성하는 유기체만큼이나 독특하고 특이하지만 시공간적 크기에서는 더 큰 **개별적인 존재**라는 것이다. 다시 말하면, 개별적 유기체들은 일반적 범주나 자연종의 특유한 요소들이 아니라 더 큰 개별적인 전체의 구성 요소들이다.[5] 다

---

4) 종이 자신의 특성을 유지하고 잡종 형성을 피할 수 있도록 장벽을 만들어 격리하는 메커니즘을 말한다. 다양한 원인으로 인하여 개체 간의 생식이 불가능해짐으로써 집단 내 개체 사이의 유전자 교류가 이루어지지 않게 되는 현상. 이러한 누적된 유전적 차이로 인해 새로운 종의 분화가 이루어진다. — 옮긴이

른 자연종에도 같은 관점이 적용된다. 예를 들어, 원소의 주기율표에서 분류되는 화학종(化學種)은 일반적으로 산소, 수소, 이산화탄소라는 존재로 구체화될 수 있다. 하지만 화학종을 자연종으로 구체화하려고 하지만 않는다면 이 표의 객관성을 인정할 수 있다. 특정한 종의 원자들은 개별적인 별들 안에서 발생하는 순환 과정(핵합성 반응, 핵반응에 의한 새로운 원자핵의 생성 과정)에 의해 산출된 개별적 존재로 생각될 수 있다. 비록 유기체들과는 달리 이러한 원자들은 변이(variation)가 훨씬 적게 나타나지만, 그것들이 구체적인 과정에서 생성된다는 사실은 그것들 각각이 역사를 갖는다는 것이다. 그러므로 이런 상황이 의미하는 것은 존재론적으로 '산소 일반'의 존재에 구속될 필요 없이 산소 원자의 객관적 실재에만 주의하면 된다는 점이다.

이 두 가지 사례에서 얻을 수 있는 교훈은 이렇다. 분류학적 본질주의는 매우 특정한 접근 방식에 의존해서 구체적인 일반성을 산출해 낸다. 그것은 완성된 산물(화학적 혹은 생물학적으로 다른 종들)로 시작해서 논리적 분석을 통해서 그러한 산물의 특징을 구성하는 영속적인 속성을 발견한 다음에 이러한 속성의 집합들을 규정적인 본질(혹은 자연종에 속해 있는 필연적이고 충분한 조건들의 집합)로 만들어 낸다. 구체화 과정을 피하기 위해서 우리는 그러한 산물들을 산출한 역사적 과정에 초점을 맞추어야 한다. 여기서 역사적이란 말은 우주와 진화의 역사는 물론이고 인간의 역사를 언급하는 것이다. 앞 장에서 윤곽을 잡았던 배치 이론은 이러한 전략을 통해서 분류학적 본질주의를 피해 간다. 모든 규모의 단계에서 배치

---

5) Michael T. Ghiselin, *Metaphysics and the Origin of Species*, Albany, NY: State University of New York, 1997, p.78.

의 정체성은 항상 과정의 산물(탈영토화와 어떤 경우에는 코드화)이고 다른 과정들이 그것을 동요시킬 수 있으므로 항상 불안정하다. 이런 이유로, 크건 작건 간에 배치의 존재론적 상태는 항상 독특하고 단일한 개체들이다. 다시 말하면, 유, 종 그리고 개체가 서로 다른 존재론적 범주인 분류학적 본질주의와 달리, 배치의 존재론은 평평한데(flat), 다양한 규모의 **개별적인 특이성들**(혹은 이-것들haecceties[6])만을 가지고 있기 때문이다. 사회적 존재론을 고려해 보면, 사회적 과정에 관련되는 유일한 개별적 존재는 사람들만이 아니라, 개별 공동체, 개별 조직, 개별 도시 그리고 개별 민족 국가들이라는 것을 의미한다.

한편 자연종이 본질주의 신화의 유일한 근원은 아니다. 아리스토텔레스의 분석은 자연종보다 높은 단계인 '동물' 유(類, genus)에서 시작해서 **논리적 미분화**(logical differentiation)를 거쳐 종(種)의 단계('말', '인간')에 도달한다. 아리스토텔레스가 말하는 종이 개별적 특이성으로 대체될 수 있다면 유에도 똑같은 문제가 제기될 수 있을까? 가장 높은 수준의 생물학적 분류, 계(界)나 심지어 문(門)의 단계 ——척추동물로서 인간이 속해 있는 척색(脊索) 동물문을 포함해서—— 는 다른 처리 방법을 필요로 한다는 것이 답이다. 문은 모든 척추동물에 공통되는 추상적 체제로 생각될 수 있고 그렇다면 그것은 길이나 면적 혹은 부피와 같은 측정 개념을 사용해서는 명시될 수 없는데, 각각의 체제가 실현되면서 완전하게 다른 측

---

6) 들뢰즈에 따르면, 사건들은 이-것(haecceity)이라는 개별성을 가진다. "한 인물, 주체, 사물 또는 실체와는 매우 상이한 개별화 방식이 존재한다. 이 점을 가리키기 위해 'heccéité'라는 말을 사용한다. 어느 한 계절, 어느 한 여름, 어느 한 시간, 어느 하루는 모자랄 것 없이 완벽하게 개별성을 가진다. 이 개별성이 사물이나 주체의 개별성과는 극히 상이하지만, 그것들은 전적으로 분자나 입자 사이의 운동과 정지의 관계들, 영향을 주거나 받는 능력들로 구성되어 있다는 점에서 이-것들이다."(Deleuze and Guattari, *A Thousand Plateaus*, p.261) —— 옮긴이

정 관계를 보여 주기 때문이다. 그러므로 신체의 다른 부분들 사이의 전반적인 관계처럼 비측정 개념들이나 위상학적 개념들만이 체제를 명시하는 데 사용될 수 있다. 다르게 말하면, 체제는 가능 공간(예를 들면, 척추동물의 모든 가능한 설계 도안의 공간)을 정의하며 이러한 공간은 위상학적 구조를 갖는다. 가능 공간의 구조라는 개념은 속성들과는 달리, 배치의 수용 능력은 주어지지 않는다는 점에서, 즉 실행되지 않으면 가능성으로만 남아 있게 된다는 점에서 배치 이론에서는 아주 중요하다. 하지만 배치의 수용 가능한 능력의 집합은 비록 제한을 두지 않지만 다양한 배치들마다 다른 수용 능력의 집합을 보여 주므로 애매하지는 않다.

이러한 가능 공간에 대한 형식적인 연구는 물리학이나 화학에서 더 진전을 이루어, '위상공간'(phase space)[7]이라고 부르고 있다. 이 공간의 구조는 '끌개'라고 하는 위상학적 불변항들과 공간의 차원, '자유도'를 나타내는 차원, 즉 변화하는, 구체적인 물리학적·화학적·역학적 체계의 관련 방식을 나타내는 차원으로 주어진다.[8] 예를 들면, 고전 물리학은 역학적·시각적 현상과 중력 현상의 점진적 발전에 열려 있는 가능성들이 매우 억제되었다는 것을 발견하면서 잠재 에너지와 운동 에너지 사이의 차이를 최소화하는 결과를 선호하게 되었다. 다시 말하면, 매우 다양한 고전적 체계의 역학은 가능 공간에서 최소점으로 끌어당겨지고, 끌개는 장기적 경향을 규정한다. 한편 생물학과 사회학에서, 훨씬 더 복잡한 가능 공간의 구조를 조사할 적절한 형식적 도구가 아직 없다. 하지만 우리는

---

7) 물리학에서 위상공간은 특정한 계가 가질 수 있는 모든 상태들의 공간을 말한다. 고전역학에서 위상공간은 위치와 운동량 변수가 가질 수 있는 모든 값들로 이루어진다. ──옮긴이
8) 위상공간의 존재론적이고 인식론적 양상에 대한 충분한 논의에 대해서는 데란다, 『강도의 과학과 잠재성의 철학』, 1장 참조.

그러한 가능 공간이 위상학적 불변항(끌개)이라는 훨씬 더 복잡한 분배 (distribution)를 가진 위상공간으로 정의될 것이라는 가정을 과감하게 해 볼 수도 있다. 우리는 이러한 위상학적 불변항을 **보편적 특이성**이라고 부를 수 있는데 그것은 제각기 다른 많은 체계에 의해 공유되는 특이하거나 특별한 위상학적 특성이기 때문이다. 아리스토텔레스의 유를 대체할 수 있는 것이 바로 이러한 보편적 특이성의 분배이고 개별적 특이성은 아리스토텔레스의 종을 대체한다. 더욱이, 하나에서 다른 하나로의 연결 고리는 논리적 미분화의 과정이 아니라 **역사적 미분화**의 과정, 즉 추상적 체제를 실현하는 각기 다른 모든 척추동물 종의 발산하는(divergent) 진화와 연관된 과정이다. 문의 단계와 종의 단계를 연결해 주는 분류학적 범주들은 역사적으로 체제를 미분화했던 연속적인 발산점을 나타낸다.

앞 장에서 기술된 역할과 과정에 덧붙여서, 배치는 들뢰즈가 **다이어그램**(diagram)이라고 지칭했던 것, 체제에 해당하거나 더 정확히 말해서 배치와 연관된 가능 공간을 구축하는 보편적 특이성의 집합을 통해서 특징지어진다.[9] 그러므로 사람, 공동체, 조직, 도시 그리고 민족 국가는 모두

---

9) 다이어그램에 대한 들뢰즈의 확장된 논의는 Gilles Deleuze, *Foucault*, Minneapolis, MN: University of Minnesota Press, 1988, pp.34~41, pp.71~72 참조.
가능 공간의 구조는 프랑스어로 'manifold'와 같은 말인 '다양체'라고 지칭되기도 하는데, 위상공간의 구성에서 사용되는 미분 기하학 공간을 말한다. 들뢰즈는 '다양체'와 '다이어그램'을 동의어로 사용하기도 한다. 그래서 그는 '모든 다이어그램은 공간~시간적 다양체'(*Ibid.*, p.34)라고 말한다. 하지만 들뢰즈는 수학의 위상공간과 관련되지 않는 새로운 표현을 사용하기도 한다. 그래서 그는 다이어그램을 힘의 관계나 영향을 주고받는 능력의 분배 표시로 정의한다(*Ibid.*, pp.71~72). 이러한 능력들은 발휘되지 않고도 존재할 수 있으므로(즉, 가능성으로 존재할 수도 있으므로), 가능 공간을 형성하고 다이어그램은 이러한 공간이 어떤 구조를 갖든지 표시하게 될 것이다. 다른 곳에서는 그의 정의가 이렇게 공간적 형식에서 출발하기도 한다. 물질적 역할과 표현적 역할이 명확하게 구분된 배치와는 달리, 배치의 다이어그램은 **형식화되지 않는 기능들**(unformalized functions)과 **형성되지 않은 물질**(unformed matter)을 포함한다. 이렇다는 뜻은 다이어그램이 표현적인 것과 물질적인 것이 차이화되지 않은 추상적 구

개별적 특이성이고, 이러한 존재들 각각은 자유도를 나타내 주는 차원과 보편적 특이성의 집합에 의해 특징지어지는 가능 공간과도 연관된다. 그로 인해 이러한 사회적 배치들 각각은 고유한 다이어그램을 갖게 된다.[10] 앞 장에서 '시장'처럼 구체화된 일반성이 어떻게 전국 시장처럼 구체적이고 역사적인 존재로 대체되었는지를 밝혀 보았다. 전국 시장은 몇 개의 지방 시장이 합쳐지면서 생겨난 것이고, 지방 시장은 몇몇 지역 시장이 결합되어서 나타난 것인데, 이 역시 수많은 지역의 장터가 역사적으로 결합되면서 발생한 결과이다. 이런 식으로 각기 다른 규모의 경제 단위들 각각은

조라는 것이다. 다이어그램이 구체적 배치에서 발산적으로 현실화될 때만 나타나는 차이화이다. 그러므로 다이어그램의 상태에 대해서 사고하는 한 가지 방법은 구체적 배치의 완전한 탈영토화의 산물로 보는 것이다. 이것은 표현적인 것으로부터 물질적인 것을 차이화하는 반대 과정(영토화와 현실화)이기 때문이다.

마지막으로, '다양체'와 '다이어그램'은 혼용되기도 하고 또 어떤 때는 다른 것을 지칭하기도 한다. 어느 경우에는 가능 공간의 구조, 또 어느 경우에는 절대적 탈영토화를 담당하는 작인, 추상 기계 혹은 준인과 작동자 등으로 사용된다. 이러한 개념과 관계에 대한 더 자세한 설명은 데란다, 『강도의 과학과 잠재성의 철학』, 2장과 3장 참조.

10) 들뢰즈는 필자가 여기서 공들여 설명하고 있는 다양한 규모의 사회적 존재론에 동의하지 않기 때문에, 이러한 존재들(인적 네트워크, 제도적 조직, 도시 등) 각각이 나름의 다이어그램을 가지고 있다고 말하지 않는다. 반대로 들뢰즈는 다이어그램은 "사회적 장과 공존한다"고 주장한다(Deleuze, *Foucault*, p.34). 들뢰즈는 '사회적 장'의 사례로 '원시 사회', '봉건 사회' 다음에 왔던 현대의 '훈육 사회', '주권 사회'를 제시한다. 사회 존재론에서 '전체로서의 사회' 혹은 전반적인 '사회적 장'과 같은 것은 없다고 필자는 주장하므로, 여기서 다소 과격한 방식으로 들뢰즈와 갈라지게 된다.

이 책에서 사용된 '미시'와 '거시'라는 용어는 들뢰즈의 '분자적'과 '몰적'(molar)이란 용어와 일치하지 않는다. 하지만 일정 부분은 일치될 수도 있다. 모든 수준의 규모에서 한편으로는 미시 존재들의 집단, 성장률이나 번식률과 같은 강도적 속성을 특징으로 하는 집단이 있을 수 있고 다른 한편으로는 이러한 집단의 몇몇 구성원들은 규칙화되고 일상화되면서 더 큰 거시 존재들로 통합될 수 있다. 이러한 집단에 속하는 존재들은 '분자적'으로 볼 수 있고 더 큰 집합체로 통합되는 존재들은 특히 거시 존재가 매우 영토화되어 있다면 '몰적'으로 된다. 이런 식으로 말하면 차별성이 완화되기는 하지만 차이가 완전하게 없어지지는 않는다. 분자적인 것과 몰적인 것에 대해서는 Deleuze and Guattari, *A Thousand Plateaus*, p.217 참조.

유기체들이 종들에 관련된 것만큼이나 부분 대 전체가 즉각적으로 더 큰 부분과 전체의 관계를 담고 있는 개별적 특이성으로 간주되어야 한다. 다이어그램과 그것의 보편적 특이성의 사회적 사례란 무엇인가?

막스 베버는 사회적 존재들의 분류를 이념형(ideal types)이란 용어를 통해서 소개한다. 예를 들면, 위계적 조직의 분석을 통해서, 그는 조직의 권위가 합법성을 얻을 수 있는 경우에는 세 가지 방식이 있다는 것을 밝혀냈다. 그 세 가지는 신성한 전통이나 관습(조직 종교에서처럼)과의 관련, 합리적-합법적 절차(관료 제도에서처럼)의 준수, 카리스마 있는 지도자(작은 종교분파에서처럼)의 존재[11]이다. 나는 다른 장에서 이 분류법을 사용하고 세 가지 유형을 좀 더 자세하게 설명할 것이다. 하지만 여기서 세 가지 유형의 존재론적 상태를 명백히 하는 것이 중요한데, '이념형'이란 용어는 본질을 제시하는 것처럼 보이기 때문이다. 하지만 우리는 권위 구조의 다이어그램을 끌어들여서 이것들의 본질을 제거할 수 있다. 이러한 가능 공간에는, 권위 구조가 취할 수 있는 '극단적 형식들'을 정의하는 세 가지 보편적 특이성이 있을 것이다. 공간의 차원, 즉 권위 구조의 자유도는 위계질서 내에서 직무나 지위가 현직자들로부터 명확하게 분리되는 정도——합리적-합법적 형태가 가장 분리가 잘되고 전통적 형태와 카리스마적 형태가 뒤를 잇는다——와 조직의 활동이 규칙화되는 정도——카리스마적 형태가 규칙화의 정도가 가장 낮고 나머지 두 형태는 규칙화 정도가 높다——를 포함한다.

요컨대 개별적이고 보편적인 특이성은 각각 자신만의 방식으로 배치의 접근 방식이 본질 없이도 작동할 수 있게 한다. 특이성은 또한 이러한

---

11) Weber, *The Thoery of Social and Economic Organization*, pp.328~360.

접근 방식에서 분석 기법의 적절한 사용을 규정한다. 분류학적 본질주의에서 분석의 역할은 순수하게 논리적이어서 필연적 차이들을 연속적으로 발견해 냄으로써 유를 종(유의 부분을 이루는)으로 분해하지만, 배치 이론에서 분석은 논리를 넘어서 전체의 행위에 미치는 영향을 관찰해야 알 수 있는 유기체 내의 기관에 생기는 장애나 세포 내 효소의 중독처럼 실제적인 인과적 간섭(causal interventions in reality)을 포함해야 한다. 이러한 간섭은 필수적인데 부분들 사이의 인과적 간섭은 비선형적일 수 있고 따라서 조심스럽게 구분되어야 하기 때문이고, 연구 중인 존재가 각기 다른 공간적 규모에서 작동하는 부분들로 구성되어 있는 데다가 정확한 규모가 파악되어야 하기 때문이다.[12] 요컨대 배치 이론에서의 분석은 개념적이지 않고 인과적이어서, 주어진 공간적 규모에서 작동하는 **현실적 메커니즘**(actual mechanisms)을 발견하는 데 관심을 갖는다. 한편 배치의 다이어그램을 정의하는 위상학적 구조는 현실적이지 않고 **잠재적이고 메커니즘-독립적**(virtual and mechanism-independent)이어서, 다양한 현실적 메커니즘 안에서 실재화될 수 있고, 그래서 그것은 다른 형식의 분석을 필요로 한다. 위상공간의 수학은 가능 공간을 구성하는 준인과적 제약(quasi-causal constraints)을 밝히기 위해서 동원되어야만 하는 형식적 근거들 가운데 단 하나의 사례이다.[13] 인과적 분석 형식들과 준인과적인 분석 형

---

12) William Bechtel and Robert C. Richardson, *Discovering Complexity: Decomposition and Localization Strategies in Scientific Thought*, Princeton, NJ: Princeton University Press, 1993, pp. 52~59.

13) Gilles Deleuze, *Logic of Sense*, New York: Columbia University Press, 1990, p. 169. 한편 들뢰즈는 때때로 다이어그램에 대해서 마치 그 자체로 배치가 결과의 원인인 것처럼 서술한다. 그래서 그는 "다이어그램은 통합되지 않는 내재적 원인으로 작용한다. 관계를 실행하는 구체적 배치의 원인"이라고 서술한다(Deleuze, *Foucault*, p. 37).

식들은 배치 이론에서 보완적으로 사용된다. 고전 물리학의 사례로 돌아가 보자. 18세기까지 이 분야에서는 이미 '최소 원리들'(즉, 최소점이라는 형식의 보편적 특이성)이 발견되었지만, 현실적 최소화가 각각의 개별적인 경우에서 과다하게 달성되는 인과적 메커니즘을 탐색하지는 않았다. 생산적인 인과적 관계는 물론이고 준인과적 위상학적 제약은 고전적 현상들을 전반적으로 설명해 주는 일부분이다. 이러한 통찰은 생물학이나 사회학과 같은 더 복잡한 사례들로 접근할 때 유효하다.

인과적이고 준인과적 분석 형식이 보완적이기는 하지만, 이 책에서 나는 전자를 강조할 것이다. 사실, 내적으로 작동하는 구체적인 배치의 사례들을 가능할 때마다 제시할 것이지만, 모든 인과적 메커니즘을 자세하게 설명하려고 하지는 않을 것이다. 한편 이러한 메커니즘들이, 특히 사회적 전체가 부분들 사이의 상호작용을 통해서 창발하는 메커니즘들이 어떻게 적절하게 개념화될 수 있는지를 정의하는 것은 중요하다. 창발(創發, emergence) 메커니즘의 문제는 **최소와 최대 사이의 연결 고리**라는 문제에 직접적으로 영향을 주었기 때문에 사회 이론에 중대한 결과를 가져왔다. 이렇게 다루기 어려운 문제가 수십 년 동안 해법을 찾지 못했는데, 이는 문제가 잘못 제기되어 왔기 때문이다. 배치 이론은 문제를 정확하게 제기하는 데 도움을 줄 수 있고 그래서 궁극적인 해법, 즉 관련된 모든 메커니즘의 세부사항과 연관되는 해법을 찾기 위한 길을 열어 준다.

우선 문제를 정확하게 제기하는 것은 사회적 과정들이 오로지 두 개의 수준, 즉 최소와 최대 수준에서만 발생한다는 생각을 제거하는 것이다. 특히 이러한 수준들이 '개인'과 '전체로서의 사회'와 같은 구체화된 일반성을 통해서 표현될 때 그렇다. 앞 장에서 이야기된 전국 시장의 사례는 두 개 이상의 규모가 있을 수 있다는 것을 보여 준다. 이런 경우라면, '아주 작은'과 '아주 큰'이라는 용어는 두 가지 규모의 고정된 수준과 연관되는 것이 아니라 어떤 특정한 **규모**에서도 구체적 부분들과 그 결과로 나타나는 창발적 전체를 지칭하는 데 사용되어야 한다. 따라서, 특정한 지방 시장은 지역 시장에 비해 상대적으로 '아주 크'지만 전국 시장에 비해서는 '아주 작'다. 이와 같은 접근 방식은 가장 작은 규모(개별적인 사람들)와 가장 큰 규모(영토 국가)를 다양한 규모의 중간 단계의 존재들로 메움으로써 '전체로서의 사회'를 제거하는 데도 사용될 수 있다. 사실 일부 현대 사회학자들은 두 측면의 방정식 가운데 어느 하나에만 특권을 부여하는 오랜 관습을 타파하면서 바로 이러한 용어들로 최소-최대 연결 고리의 문제를 제기해야 한다고 제안했다.[14] 만일 각각의 규모에서 사람들이 전체의 속

---

14) "지난 10년 동안, 훈육 사회는 오래된 딜레마를 새로운 형태(불행하게도 딜레마 자체를 해결하는 데 별일을 하지 못했던 형태)로 소생시켰다. 개별적 이론과 집합적 이론 사이의 끊임없는 투쟁은 미시 사회학과 거시 사회학 사이의 투쟁으로 바뀌었다. … 미시를 개체와 동일시하는 것은 마치 미시-거시적 차이를 어떤 특정한 규모와의 연관성을 찾으려는 시도와 마찬가지로 완벽한 오류라고 주장하면서 출발하고자 한다. 미시 혹은 거시와 같은 것의 경험적 관계항은 결코 있을 수 없다. 그것들은 적대적이고 경험적인 구성단위들 자체가 아니라 경험적 구성단위 내의 창발적 수순을 제시해 주는 분석적 차이이다." (Jeffrey C. Alexander, "Action and Its Environments", eds. Jeffrey C. Alexander, Bernhard Giesen, Richard Münch, Neil J. Smelser, *The Micro-Macro Link*, Berkeley, CA: University of California Press, 1987, pp. 290~291)

같은 책에서 또 다른 사회학자는 다음과 같이 주장한다.

"미시와 거시 사이의 근본적 차이는 일반적이고 분석적이어야 하므로 고정된 사례에 묶이지 않는다. 이러한 기준에 따라서, 개별적 사람들, 가정 혹은 회사는 본질적으로 미시로 다루어질 수 없고 사회, 국가 혹은 경제는 불변적으로 거시로 다루어질 수 없다. 오히려, 미시와 거시라는 명칭은 서로에 대해서 특히 당면한 분석 목표에 따라서 상대적이다. 특정 가족 구성원(에고)의 전반적 상태나 역할은 특정한 친척 집단 구성원에 대한 에고의 관계에서는 거시적일 수 있지만 결혼 교환 제도에서 에고 혈통의 상태나 역할에 대해서는 미시적일 수 있다. 결혼 제도는 신화적 순환에 관련해서 미시적일 수 있다. 노동자의 직업 만족도는 자녀들에 대한 심리적 압박에 관련해서는 거시적일 수 있지만 직업의 특성에 관련해서는 미시적일 수 있다. 직업 만족도는 공장이나 지사의 사기나 효율성과 관련해서는 미시적일 수 있지만 본사의 재정 상태, 산업의 경쟁력 혹은 국가나 국제 경제의 사업 순환에 관련해서는 미

성들이 부분들 사이의 상호작용에서 드러난다는 것을 보여 줘야만 한다면, 이러한 접근 방식은 존재론적으로 '상향식'(bottom-up)이란 특징을 가질 수도 있을 것이다. 그러나 개별적인 사람들이 가장 맨 아래에 있다는 가정과 결부해서 이러한 상향식 접근 방식을 통해서 우리는 미시경제학의 방법론적 개인주의의 입장에 설 수 있을까? 여러 가지 이유로 그렇지 않다.

우선 방법론적 개인주의자들은 구체화된 일반성('이성적 개인')을 가져와서 원자론적 방식으로 사용한다. 즉 개인들이 스스로 이성적으로 결정한다고 정의한다. 배치 이론에서 사람들은 항상 지속적으로 서로 상호작용하는 집단의 일부로 존재한다. 하지만 더 중요한 것은 그런 사람들의 정체성은 미시경제학에서는 당연한 것으로 받아들여지지만, 배치 이론에서 정체성은 개인 **이하의 구성 요소들** 사이의 상호작용에서 드러난다는 것을 보여 줘야만 한다. 이러한 구성 요소들이 무엇인지는 다음 장에서 자세히 설명할 것이지만, 현재로서는 그것들이 존재하고 그것들이 가장 작은 사회적 규모라고 여겨질 수도 있다는 것을 지적하는 것으로도 충분하다. 게다가 배치 이론은 창발적 주관성을 배치로 생각한다는 점에서 방법론적 개인주의와 결별한다. 사람들이 더 큰 배치의 부분이 되듯이 배치는 복잡해질 수 있다. 대화(그리고 여러 가지 사회적 접촉) 중에, 사람들은 이미지나 페르소나(persona)를 투사한다. 네트워크에서 사람들은 비공식적 역할을 수행하고 조직 안에서 사람들은 공식적 역할을 획득한다. 그리고 사람들은 정체성의 일부가 되는 역할과 페르소나로 식별될 수 있다. 즉,

---

시적이다. 하지만 이것도 시대의 이념적 정신에 관련해서는 미시적이다."(Dean R. Gerstein, "To Unpack Micro and Macro: Link Small with Large and Part with Whole", *Ibid.*, p.88)

더 큰 배치가 구성 요소의 부분들의 상호작용에서 창발하듯이, 이러한 부분들의 정체성은 창발적 전체가 반작용하고 영향을 주면서 새로운 층들을 획득할 수 있다.

가령 주관성의 창발에 적절한 설명이 주어진다면, 우리는 거기에서 어디로 가는가? 가장 낮은 단계로부터 올라온 전국 시장의 사례로 설명된 동일한 절차를 사용할 수 있을까? 그러한 사례의 문제는 연속적인 공간적 규모 사이의 관계가 러시아 인형과 차이니즈 박스[15]처럼 간단한 문제라고 암시하는 것이다. 그러나 부분 대 전체의 관계는 이렇게 간단하지 않다. 예를 들면, 사람들은 사람들 사이의 네트워크와 제도적 조직들이란 두 개의 아주 다른 배치의 구성 요소의 부분들이 될 수 있다. 세 명으로 이루어진 핵가족에서 50만 명을 고용하는 다국적 기업에 이르기까지 조직들은 **광범위한 규모**로 존재한다. 가족은 공동체 네트워크를 구성하는 부분들이 되기 쉽지만 큰 조직들은 친구나 동료의 네트워크들처럼 조직의 부분으로 다양한 네트워크를 담을 수 있다. 사람 사이의 네트워크(직업적 네트워크와 같은)는 조직에 영향을 미친다. 어떤 조직들은 조직의 부분을 형성하지 않지만 또 어떤 조직들은 큰 조직 내에 생성되어서 구성 요소의 부분으로 기능한다. 이것 가운데 그 어느 것도 단순한 러시아 인형 관계를 연상시키지 않는다.

유사한 복잡성이 더 큰 규모에서 발생한다. 사람 사이의 네트워크들은 수많은 사회 정의 운동의 중추를 형성하는 공동체들의 연합체와 같은

---

15) 러시아 인형은 속이 비어 있어서 그 안에 같은 모양의 인형이 여러 개 차곡차곡 들어 있는 마트료시카를, 차이니즈 박스는 작은 상자로부터 차례로 큰 상자에 꼭 끼게 들어갈 수 있게 한 상자를 말한다. ─ 옮긴이

더 큰 배치들을 만들어 낼 수도 있다. 결국 제도적 조직들은 전국, 지방 그리고 지역적 수준에서 작동하는 정부 조직의 위계와 같은 더 큰 배치들을 형성하기 쉽다. 우리는 여기서 마치 러시아 인형이 두 갈래로 나누어져 있는 것처럼 상황을 묘사할 수 있다. 하지만 여전히 오해의 소지가 있다. 사회 운동이 한동안 성장하고 지속되면 운동을 안정시켜 주는 조직들을 만들어 내고 특수 이익을 대변하는 조직의 로비나 노동조합과 노동자 협회의 집단 협상과 같은 특수한 기능을 하는 경향이 있다. 즉 사회 운동이란 사람 사이의 네트워크와 제도적 조직의 혼합물이다. 이와 비슷하게 정부 체계도 각각의 사법적 규모에서 비정부 조직들과 네트워크를 형성해서 중앙에서 결정된 정책들을 보완할 수 있어야 한다.

이렇게 더 큰 배치들 모두는 집단(사람 사이의 네트워크, 조직, 연합체 그리고 정부 체계의 집단)의 부분으로 존재한다. 이러한 집단들의 구성원들은 이웃, 도시 혹은 영토 국가 등의 물리적인 위치 내에서 상호작용을 수행한다. 또 어떤 구성원들은 통신과 교통 기술 덕분에 장거리에서 훨씬 분산된 형태로 서로 상호작용을 할 수도 있다. 물리적인 장소 자체는 공간적 존재이므로 단순한 방식으로 서로 관련되는 경향이 있다. 지역은 주거용, 상업용, 산업용 그리고 정부 건물로 이루어진다. 도시는 많은 지역으로 구성되고, 영토 국가는 도시, 농촌 마을 그리고 무인 지역으로 이루어진다. 하지만 이러한 명백한 단순성은 이러한 장소들에서 사회 활동이 거듭되면서 사라져 버린다. 특정한 도시는 그 도시의 구성 요소 안에 지역은 물론이거니와 이웃들이 거주하는 공동체와 조직이 포함될 것이다. 도시는 또한 분산된 형태로 존재하는 사람 사이의 네트워크, 즉 명확하게 구축되지 않는 네트워크, 국지적인 공동체 더 나아가 위계적 구조가 없는 조직(장터 같은)과 명확한 공간적 사법권이나 동질적인 내적 구조가 없는 조직을 포함할 것이다.

하지만 '전체로서의 사회'와 같은 구체화된 일반성은 부분 대 전체의 관계가 정확하게 개념화되어 이 모든 복잡성을 조정하는 한, 다양한 규모의 사회적 실재에 의해 대체될 수 있다는 통찰은 유지될 수 있다. 우선, 전체가 부분들 사이의 상호관계로부터 드러나지만, 일단 전체가 존재하게 되면 부분들에 영향을 줄 수 있다. 철학자 로이 바스카(Roy Bhaskar)[16]가 주장했듯이, "창발적 전체는 실재하는데, 창발적 전체가 형성되었던 물질들에 다시 작용할 수 있는 인과적 작인이기 때문이다".[17] 즉 특정 규모에서 발생하는 사회 과정을 완벽하게 설명하려면, 전체의 창발성 이면의 최소-최대 메커니즘뿐만 아니라 전체가 부분들에 제약[18]과 자원을 제공함으로써, 새로운 수행을 가능하게 하면서도 부분들이 할 수 있는 역할을 제한하는 최대-최소 메커니즘을 해명할 필요가 있다.[19] 예를 들면, 촘촘하게

---

16) 비판적 실재론을 창시한 영국의 철학자. 옥스퍼드대학교에서 정치학, 경제학, 철학을 공부했으며 과학철학자 롬 하레(Rom Harré)에게서 과학적 방법론을 공부했다. 실증주의 과학관에 반대하여 경험과 현상의 밑바닥에 실재하는 구조와 그 메커니즘을 밝혀내는 것이 진정한 철학의 임무라 생각하여, 실재론적 방법을 사회과학의 영역에 비판적으로 적용하였다. ─ 옮긴이

17) Roy Bhaskar, *A Realist Theory of Science*, London: Verso, 1997, p.114. 바스카의 실재론은 어떤 면에서 들뢰즈와 매우 가깝지만, 바스카는 스스로 본질론자라고 주장하기 때문에 같다고 볼 수는 없다. 그는 다음과 같이 주장한다.
"대체로 과학에서는 일군의 사물들을 분류해서 동일한 이름으로 부르는 것은 그 사물들이 공통적으로 실재하는 본질이나 본성을 가지고 있다는 것을 전제한다. 비록 실재하는 본질이나 본성이 알려진다는 것을 전제하지는 않더라도 … 화학자는 탄소의 원자적(혹은 전자적) 구조로 밝혀질 수도 있는 실재하는 본질을 공통적으로 가지고 있다고 믿기 때문에 다이아몬드, 흑연 그리고 탄소를 모두 분류한다."(*Ibid.*, p.210)

18) 여기서 제약이란 본질주의에 빠지지 않기 위해서 미리 설치하는 방어벽이라는 의미를 담고 있다. ─ 옮긴이

19) Peter Hedström and Richard Swedberg, "Social Mechanisms: An Introductory Essay", eds. Peter Hedström and Richard Swedberg, *Social Mechanisms: An Analytical Approach to Social Theory*, Cambridge: Cambridge University Press, 1998, pp.22~23.

짜여진 공동체를 특징짓는 네트워크에서는 다양한 자원들이 물리적 보호나 도움에서부터 감정적 지원과 충고에 이르기까지 구성원들에게 통용된다. 하지만 동일한 밀도의 관계가 구성원들을 제약할 수도 있다. 깨진 약속, 떼먹은 판돈, 명예스럽지 않은 책무 등과 관련된 소식은 이러한 네트워크 안에서 빠르게 전달된다. 이것이 지엽적인 규범들에 대한 집행 메커니즘으로 작용하게 해주는 네트워크의 속성이다. 마찬가지로, 많은 위계적 조직들은 권위 구조 안에서 일정한 형식적 지위를 차지하고 있는 사람들에게 적용할 수 있는 거대한 자원 저장소에 접근한다. 이러한 형식적 지위의 권리와 의무를 정의해 주는 규제들은 현직자들의 행동에 제약으로 작용한다. 왜냐하면 제약하거나 가능하게 해주는 전체의 역량이 실행되지 않을 수도 있기 때문에, 구성 요소들은 전체의 역량을 통해 자원을 이

저자들은 세 가지 다른 유형의 메커니즘을 제안한다. 최대-최소, 최소-최소 그리고 최소-최대. 첫 번째 유형은 거대한 사회학적 현상들이(인구 내에 수입이나 권력의 분배와 같은) 연관된 사회 상황과 개별적인 사회의 행위자들 사이의 관계를 설명하는 데 관련된다. 예를 들어, 대규모의 과정은 각기 다른 행위자들에게 다른 기회와 위험을 창출할 수 있다. 행위자들은 반드시 자신들의 행동의 이유로 기회와 위험을 포함해야 한다. 두 번째 유형은 주로 사회-심리학적 메커니즘과 관련된다. 즉, 특정한 결정(동기의 경우)을 내리는 정신적 과정이나 습관의 형성, 감정의 발산 혹은 믿음의 획득(이유의 경우) 이면의 과정과 관련된다. 마지막으로, 세 번째 유형은 집단적 결과를 산출하는 개별 행위자들 사이의 상호관계를 관장하는 메커니즘과 관련된다.

문제는 '최소'와 '최대'라는 용어들이, '최소'는 개별 사람들과 관련되고 '최대'는 전체로서의 사회를 지칭하는 식으로 절대적인 의미로 사용된다는 것이다. 하지만 배치 이론에서 최소 수준과 최대 수준 사이의 차이는 규모에 따라 상대적이다. 차이를 상대화한다는 것은 세 번째 유형 최소-최소 메커니즘이 어느 특정한 규모에서 그것이 **바로 옆의 더 작은** 규모에서 최소-최대 메커니즘으로 바뀌기 때문에 제거될 수 있다는 뜻이다. 그리고 최대-최대 메커니즘이라고 부르는 경우도 마찬가지다. '최대'가 '전체 사회'와 관련될 때, 전체들 사이의 상호작용을 고려할 필요가 없다. 그러나 일단 차이가 상대화되면, 사람들 사이의 네트워크나 제도 조직과 같은 개별 사람들로 이루어진 전체가 전체로서 서로 상호작용할 수 있다고 고려할 필요가 없다. 하지만 최대-최대라는 용어는 반드시 필요하지 않은데, 그것이 **바로 옆의 더 큰 규모**에서 최소-최대 사례로 바뀌기 때문이다.

용할 기회(놓일 수도 있는 기회)나 한계를 위반하는 위험(절대로 받아들일 수 없는 위험)과 같은 **기회와 위험**을 제공받는다고 말하는 것이 더 정확할 것이다.

명확한 정체성을 갖지 않는, 즉 밀도가 낮고 분산적인 사람 사이의 네트워크나 의사 결정이 중앙 집권화되지 않은 조직들처럼 분명한 범위나 동질적인 구성을 갖지 않는 배치를 다룰 때도 이러한 결론들이 여전히 유효할 것인가? 답은 유효하지만 중요한 차이가 있다는 것이다. 특히, 이전에 소개된 용어를 사용하자면, 비록 규제하는 능력이 감소되기는 하지만 이런 식으로 다소 탈영토화된 배치들은 여전히 구성 요소들에 자원들을 제공할 수 있다. 모두가 모두를 알고 있어서 사람들끼리 다양한 역할을 통해 상호작용하는 촘촘한 네트워크에서, 순환하는 정보는 모든 참여자들에게 잘 알려지는 경향이 있다. 새로운 소식은 아마도 구성원들 중에 어느 한 사람에게서 나오는 것이 아니라 네트워크 바깥, 즉 약한 고리를 통해서 네트워크의 구성원들과 연관된 누군가로부터 나올 것이다. 이것이 **약한 고리의 힘**에 대한 유명한 논증의 기초이다.[20] 밀도가 낮은 네크워크들은 약한 고리들을 더 많이 가지고 있어서 이러한 이유로 구성원들에게 스쳐 지나가는 기회에 관한 새로운 정보를 제공할 수 있다. 한편 분산된 네트워크들은 강한 고리의 힘을 규정하는 다른 자원들(예를 들면, 위기에서의 신뢰)을 제공할 능력이 부족하다.[21] 그러한 네트워크들은 또한 지엽적인 규

---

20) Mark Granovetter, *Getting a Job: A Study of Contacts and Careers*, Chicago, IL: University of Chicago Press, 1995.

21) David Krackhardt, "The Strength of Strong Ties: The Importance of Philos in Organizations", eds. Nitin Nohria and Robert G. Eccles, *Networks and Organizations*, Boston, MA: Harvard Business School Press, 1992, pp.218~219.

범의 집행과 같은 제약들을 제공하기도 어렵다. 이렇게 초래된 낮은 결속도가 다른 방식으로 보완되지 않는다는 가정하에서, 대체로 분산된 공동체들은 정치적으로 조직되기가 더 어렵고 다른 공동체들과의 상호작용에서 인과적 작인으로 작용하기가 쉽지 않다.

유사한 관점이 지역의 장터와 같이 의사 결정이 중앙 집권화되어 있지 않은 제도적 조직에도 적용된다. 전국 시장(백화점, 슈퍼마켓 등뿐만 아니라)이 등장하기 이전에, 장터는 구성 요소들에 자원을 제공해 주었다. 장터는 시골의 거주민들에게 물건을 팔 수 있는 기회를 제공해 주었고 도시 거주민들에게는 물건을 살 수 있는 기회를 제공해 주었다. 게다가, 지역 시장들은 "마을 사람들이 만나서, 흥정을 하거나 투닥거리고, 가끔은 주먹이 오고 가는 장소였고, 정치적이거나 그 밖의 모든 소식들이 시장에서 유통되는 장소"였다.[22] 즉, 장터는 서로 느슨하게 연결된 사람들이 새로운 정보를 주고받을 수 있는 기회를 가질 수 있었던 장소였다. 물건이 거래되는 가격은 전형적으로 수요와 공급에 의해 비인격적으로 결정된다는 의미에서 장터 역시 제약을 제공했다. 사고파는 결정은 의도를 가지고 있지만 가격은 의도적인 행위의 집단적이고 비의도적인 결과로 나타나 행위자들에게 부과되었다.[23] 하지만 가격은 형식적 제약보다는 약한 제약이다. 그리고 어떤 경우에 가격은 경제력을 가지고 있지 않은 판매자와 구매자만을 제약할 뿐이다.

---

22) Fernand Braudel, *The Wheels of Commerce*, New York: Harper & Row, 1979, p.30.
23) 정확하게 유럽의 역사에서 언제부터 가격이 봉건 영주들의 결정에 의해서가 아니라 비인격적으로 결정되었는지는 논란의 여지가 있다. 브로델은 이미 12세기에 가격과 관련된 모든 증거는 이미 가격이 동요하고 있었음을 보여 주고 그때까지 "근대적" 시장들이 존재했고 이따금씩 미숙한 형태의 마을 대 마을 네트워크를 통해서 서로 연결될 수도 있었다는 증거도 있다고 주장한다(*Ibid.*, p.28).

부분을 가능하게 하거나 제한하는 전체의 능력 이외에도 서로 상호작용하면서 발휘되는 인과적 능력도 있다. 그러므로 내가 위에서 말했듯이, 네트워크를 통해서 구조화된 공동체들은 자기들끼리 상호작용하면서 정치 연합을 구성할 수도 있고 어떤 조직들은 더 큰 정부 체제의 부분으로 상호작용할 수도 있다. 이렇게 더 큰 배치들은 정치 연합의 일부가 됨으로써 다수성과 단일성에서 나오는 정당성과 같은 자원을 공동체에 제공해 준다고 정의된다는 의미에서 창발적 전체들이다. 하지만 그렇게 함으로써 또한 공동체를 제약해서 전체 연합이 추구하기로 동의했던 목표만을 위해서 싸우게 한다. 국가적 정책의 이행에 참여하는 지역의 관리 기관들은 중앙 정부에게 금융 자원을 제공받지만 동시에 법률적으로 제약을 받기 때문에 종속적인 지위에서 일을 처리한다. 하지만 이러한 협조와 종속이 이렇게 더 큰 배치의 효과가 아니라 배치를 구성하는 사람들의 활동 효과라는 견해에 반대할 수도 있다. 협조는 공동체의 대표로 활동하는 개별 활동가들에 의해서 창출되고 지역의 관할권을 관장하는 국가의 관할권을 가지고 있는 정부 기관의 권위는 항상 개별 공무원들에 의해 발휘된다. 그러나 사람들의 배치가 사람들의 활동을 통해서 상호작용해야만 한다는 점과 동시에 이렇게 더 큰 존재들은 나름대로의 인과적 능력을 가지고 있다는 점을 받아들일 수도 있다. 이러한 타협을 가능하게 해주는 장치는 잉여 인과(redundant causality)란 개념이다.

구체적인 사회적 과정을 설명하면서, 인과적 행위자가 최소-구성 요소들인지 아니면 최대-전체인지가 곧바로 명확하지 않을 수도 있다. 최소 수준에서 당면 과정에 **상응하는 설명**이 충분히 주어지면, 예컨대 특정 집단의 활동가들 사이의 협상을 통해서 이루어진 공동체들의 연합이 다른 활동가들 사이의 협상을 통해서도 이루어질 수 있다면, 이러한 모호함은 없어질 수 있다. 다시 말하면, 최소-세부사항들에 대한 설명이 불필요해지면 그러한 최소-원인들 몇몇이 유사한 결과를 초래할 것이므로 우리는 전체 공동체들 사이의 상호작용의 결과로 창발하는 연합을 설명하면서 정당화될 수 있다.[24] 같은 방식으로 거대한 조직은 권위 구조 안에서 특정한 역할을 차지하는 사람들이 대체되면서 조직의 정책과 일과가 그대로 유지된다면 조직들 사이의 과정을 설명할 때 적절한 행위자가 될 수 있다고 할 수 있다. 물론 이런 식의 대체가 이루어질 때는 전문성(관리자는 다른 관리자로, 회계원은 다른 회계원으로, 기술자는 다른 기술자로 대체해 줘야 한다)을 존중해 줘야만 한다. 하지만 조직의 창발적 속성과 능력은 그런 식의 변화가 일어난 후에도 대체로 같은 수준에서 유지된다면, 이와 같은 많은 전문가들이 성과를 대체로 일정하게 남긴다고 했을 때, 조직 사이의 성과를 특정한 관리자, 회계원 그리고 기술자를 참조해서 설명하는 데 불필요하게 된다.

그리고 동일한 관점이 더 큰 배치들에도 적용된다. 도시들은 시골 지역에서 온 이주자들을 놓고 경쟁하고 물이나 농업용지와 같은 천연자원과 경제적 투자를 놓고도 서로 인과적으로 상호작용한다. 예를 들어, 거대 도시들은 사람이나 자원, 교역의 기회를 빼앗아서 거대 도시의 영향력이 미치는 영역 안에 새로운 도시가 형성되지 못하게 하여 주위 환경에 '인과적 그림자'(causal shadow)를 드리울 수 있다. 하지만 물론 이런 식으로 상호작용할 수 있는 것은 물리적 존재로서의 도시가 아니라 장터나 정부 조직은 물론이고 상인, 투자자 그리고 이주자들을 포함하는 거주민들의

---

24) Alan Garfinkel, *Forms of Explanation*, New Haven, CT: Yale University Press, 1981, pp.58~62.

활동 현장으로서의 도시이다. 그렇다면 하나의 도심지가 또 다른 도심지의 성장을 가로막는 것은 이러한 활동의 수행자들 사이의 상호작용이 아닐까? 만일 어떤 상인들을 다른 상인들로 대체하고 어떤 장터를 다른 장터로 대체하면 아주 유사한 저해 효과가 달성되기 때문이다. 한편 만일 이런 식으로 대체되어 아주 다른 결과가 초래된다면, 그것은 당면한 현상이 더 작은 규모에서 작동하는 메커니즘에 의해서 설명되어야 하고 원인은 물론이고 이유, 심지어 동기까지도 관련된다는 증거가 될 것이다.

개별 사람들보다 더 큰 사회적 배치들은 객관적으로 존재한다. 왜냐하면 그 배치들은 배치의 구성 요소가 되는 사람들을 제한하거나 유능하게 하면서 인과적으로 영향을 미칠 수 있기 때문이고 각자의 규모에서 다른 배치들에도 인과적으로 영향을 줄 수 있기 때문이다. 신체 부위의 일부(예를 들면, 손이나 발)를 사용해야만 물질세계와 상호작용한다는 사실이 자율적 구성 요소로부터 자신만의 상대적인 자율성을 해치지 않듯이 내적으로나 외적으로 인과적 능력을 발휘하기 위해서 이러한 배치들이 상호작용의 매개체로 사람들을 이용해야 한다는 사실이 존재론적 자율성을 해치지 않는다. 그리고 이와 유사한 관점이 더 큰 규모에도 적용된다. 도시-국가 시절에 반복되는 사건이었던 전쟁에 나갈 때마다, 도시들은 군사 조직을 통해서 인과적으로 상호작용했다. 이러한 상호작용을 조직들 사이의 하나로 볼 것인지 아니면 도심지들 사이의 하나로 볼 것인지는 인과적 잉여(causal redundancy)[25]의 관점에서 풀어야 할 문제이다. 전쟁이

---

25) A와 B가 돌을 집어 하나의 유리병을 향해 던진다. 명사수인 그들의 겨냥은 정확했을 뿐만 아니라, 둘 중 하나만 던졌더라도 유리병이 깨졌을 만큼 충분히 강력했다. 이 경우 일종의 인과적 잉여(causal redundancy)가 있다고 말할 수 있다. 이러한 잉여 인과에는 대칭적인 경우와 비대칭적인 경우의 두 가지가 있다. 만일 A의 돌이 조금 더 빨리 유리병에 도달해서 유

아주 오래 지속되거나 대규모로 벌어진다면, 조직적 차원의 전략적 의사 결정은 도시의 자원(신병, 무기, 식량 공급)의 고갈보다 중요하지 않아서, 하나의 군사 조직을 다른 조직과 대체해도 결과는 상대적으로 변화하지 않으므로 도심지들 사이의 상호작용과 관련된 것으로 이러한 사례를 파악하는 것이 설득력이 있다. 군사 조직은 전쟁하는 도시들(혹은 영토 국가들)이 상호작용하는 매개체로 볼 수 있을 텐데, 이는 다른 부대의 개별 병사들이 조직 자체에 대한 상호작용의 매개체인 것과 마찬가지이다.

배치 이론의 세부사항을 가지고 다양한 규모의 사회적 실재를 충분하게 설명할 수 있게 하려면 세 가지 이상의 조정이 필요하다. 첫째는 바로 창발성이란 개념의 규정이다. 나는 앞에서 일반적 범주들을 구체화하지 않는 한 가지 전략은 완전품의 특징을 나타내 주는 속성들의 목록 대신에 생산 과정에 초점을 맞추는 것이라고 말했다. 사실상 이것은 맞지만 특정한 배치의 역사적 탄생, 즉 정체성의 **원초적 창발성**(original emergence) 이면의 과정을 탄생과 죽음 사이에 이러한 정체성을 유지해야만 하는 과정을 잃어 가며 지나치게 강조해야 한다는 위험을 감수해야 한다. 어떤 조직도 관리직원과 고용인 사이의 지속적인 상호작용 없이는 조직의 정체성을 지킬 수 없을 것이다. 어떤 도시도 그 도시에 속한 정치적·경제적·종교적 조직 사이의 지속적인 교류 없이는 정체성을 지킬 수 없을 것이다. 그리고 어떤 민족 국가도 수도와 주변 도심지들 사이의 지속적인 상호작

리병을 깨뜨렸고, B의 돌은 그저 유리병이 있던 빈 공간을 가르는 경우라면, 이 경우는 인과적 선취(causal preemption)의 사례이다. 즉, A가 돌을 던진 행위가 유리병을 깨뜨리는 진정한 원인 혹은 선취 원인(preempting cause)이며, B가 돌을 던진 행위는 선취당한 예비원인(preempted backup)일 뿐이다. 그러나 A의 돌과 B의 돌이 정확히 동시에 유리병을 맞혔다고 가정하자. 이러한 경우가 인과적 과잉결정(causal overdetermination)의 사례이다. 즉, 유리병의 깨짐은 A의 돌과 B의 돌에 의해 인과적으로 과잉결정된 것이다. ── 옮긴이

용 없이는 생존할 수 없을 것이다. 전문 용어로 말하자면, 영토화 과정들은 각각의 공간적 규모에 맞는 배치의 정체성을 역사적으로 만들어 낼 뿐만 아니라 탈영토화라는 불안정한 과정에 직면해서 정체성을 유지하는 데도 필요하다고 말할 수 있다.

두 번째 규정은 첫 번째와 연관되어 있다. 나는 앞 장에서 배치들은 항상 회귀하는 과정을 통해서 만들어지고 그것이 의미하는 것은 배치들이 항상 집단 안에 존재한다는 것이라고 주장했다. 어떤 일정한 규모의 배치의 집단을 고려해 보면, 여러 과정들이 이 집단의 구성원들을 구성 요소로 사용하는 더 큰 규모의 배치들을 발생시킬 수 있다. 이러한 진술은 정확하지만 실제로 역사적 결과를 내포하지 않는다는 조건에서만 그렇다. 비록 바로 첫 번째 조직의 원초적 창발성을 위해서, 이전에 존재하는 사람들의 집단이 유용해야만 하지만(물론 자연 상태에서가 아니라 이미 사람들 사이의 네트워크에 연결되어서), 새롭게 생겨난 대부분의 조직들은 이미 존재하던 조직들에서 사람들을 데려와 직원으로 고용하는 경향이 있다.[26] 아주 극소수의 예외적인 상황을 제외하면, 조직들은 이미 다른 조직들이

---

26) 사회학자 앤서니 기든스가 주장하듯이, 창발적 속성을 지닌 물리적 존재의 구성 요소들(예를 들면, 청동은 동, 주석 그리고 납이라는 부분들이 가진 속성의 총합보다 더 많은 속성을 지닌 합금이다)과는 달리, 사회적 배치의 부분들은 순수한 형식으로 시작되는 경우가 거의 없다. 청동을 구성하는 부분들은 합쳐져서 합금을 형성하기 이전에 따로 존재하지만 인간 행위자는 구리, 주석, 납처럼 서로 분리돼서 존재하지 않는다는 것을 상상해 보면 쉽게 이해할 수 있다. 인간 행위자는 무로부터(ex nihilo) 합쳐져서 융합되고 결합되어 새로운 존재를 형성하지는 못한다. Giddens, *The Constitution of Society*, pp.171~172.
그러므로 기든스가 원초적 창발성만을 함축하는 제한적인 창발성 개념을 비판한다는 점에서는 옳다. 하지만 이러한 개념을 포기한다는 것이 매끈한 망을 옹호하는 부분 대 전체 관계를 포기한다는 의미라고 생각한다는 점에서는 틀렸다. 청동의 사례는 에밀 뒤르켐이 사회에는 창발적 속성이 있다는 점을 논증하기 위해서 사용했던 것이다. Émile Durkheim, *The Rules of Sociological Method*, New York: The Free Press, 1982, p.39.

살고 있던 세계에서 나타난다. 뿐만 아니라, 어떤 부분들은 전체보다 먼저 존재해야만 하고, 또 어떤 부분들은 이미 존재하는 전체의 유지 과정에서 발생될 수도 있다. 도시는 사람 사이의 네트워크의 집단과 조직으로 이루어지지만, 단순히 이러한 집단이 도시가 출현하기 전에 거기에 반드시 있어야만 하는 경우는 아니다. 사실, 네트워크와 조직 대부분은 이미 존재하는 도시의 부분으로 나타난다.

세 번째 규정은 특정한 사회적 과정을 설명할 때 그에 상응하는 규모의 문제와 관련된다. 내가 앞에서 주장했듯이, 관련성의 문제는 때때로 인과적 잉여의 개념을 통해서 해결된다. 하지만 그렇다고 해서 설명이 항상 단일한 공간적 규모와 관련된다는 의미는 아니다. 나폴레옹 혁명전쟁 —상대적으로 지엽적인 지구전으로 시작된 전쟁에서 국가의 모든 자원이 동원되는 전면전으로 변형되었던 혁명 —은 다양한 규모의 설명이 필요한 좋은 사례이다. 이러한 설명에는 도시나 국가적 규모에서 발생하는 인과 관계의 변화(프랑스 혁명은 비용이 많이 드는 용병 대신에 동기가 부여된 최초의 시민군들을 만들어 냈다), 조직적 규모(하나로 통제된 군대들을 자체 내에 보병, 기병 그리고 포병을 포함하고 있는 자율적인 사단으로 나눈다는 점에서)의 원인과 이유, 그리고 사람들 사이의 네트워크에서 차지하고 있던 유력한 지위로 증폭된 나폴레옹 자신의 전략적 천재성과 카리스마가 결정적이고 촉매적인 역할을 했던 개인적 규모의 이유와 동기가 관련되었다.

지금까지 이 장의 논의를 요약해 보자. 비유기적이든 유기적이든, 사회적이든, 배치의 존재론적 상태는 독특하고, 특이하며, 역사적으로 우발적이고, 개별적이다. '개별적'이란 용어는 개별적인 사람들을 지칭하는 데 사용되어 왔지만, 존재론적인 의미에서, 실재의 규모로 제한될 수 없다. 생물학적 종이 일반적 범주들(동물과 식물 유기체들이 구성원인)이 아니라 더 큰 규모의 개별적 존재들(유기체들이 구성 요소들인)이기는 하지만, 더 큰 규모의 사회적 배치들은 개별적 존재들의 존재론적 상태(개별적 네트워크와 연합, 개별적 조직과 정부, 개별적 도시들과 민족 국가들)로 주어져야 한다. 이런 식의 존재론적 조작을 통해서 우리는 이 모든 개별적 존재들이 본질이나 구체화된 일반성들을 개입시키지 않고도 우리의 정신(혹은 우리가 가지고 있는 정신이라는 개념)과 독립해서 객관적으로 존재한다고 주장할 수 있다. 한편 이러한 조작이 작동하도록 하기 위해서 본질을 대체하는 부분 대 전체의 관계가 조심스럽게 해명되어야만 한다. 부분과 관련된 전체의 자율성은 전체가 부분을 제한하거나 가능하게 하는 방식으로 인과적으로 영향을 미칠 수 있다는 사실과 전체는 부분으로 환원될 수 없는 방식으로, 즉 구성 부분들의 세부사항을 포함하는 상호작용의 설명이 과다한 방식으로 서로 상호작용을 할 수 있다는 사실로 보장된다. 마지막으로, 배치의 존재론적 상태는 두 가지 측면을 지닌다. 현실적 존재로서 모든 다른 규모의 사회적 배치는 개별적인 특이성을 가지고 있지만 특정한 시간에 배치들에 열려 있는 가능성은 보편적 특이성의 분배(distribution), 현실적이지는 않지만 잠재적인 배치의 다이어그램에 의해서 제한된다.

이 모든 상황에서 부분 대 전체의 관계가 수행하는 결정적인 역할을 고려하면서, 이 장을 마무리하며 나는 두 가지 양상을 분명히 밝히고자 한다. 지금까지 나는 전체가 많은 부분들로 이루어지는 경우에 공간적으로 더 크다는 공간적 규모의 문제만을 고려해 왔다. 그러나 내가 출발점으로 삼은 사례였던 생물학적 종도 긴 **시간적 규모**에서 작동한다. 즉 시간적 규모는 유기체들을 구성하는 것보다 훨씬 더 오랫동안 지속하고 훨씬 더 느린 속도로 변화한다. 첫 번째 문제는 이렇다. 부분 대 전체의 관계와 유사한 시간적 양상이 사회적 배치에도 있을까? 그렇다면 생물학적 영역과 사회적 영역 모두에 **규모로부터 자유로운 방식으로** 작동할 것 같은 특수한 존재들의 문제가 있다. 이것들은 내가 1장에서 유전적 존재들 그리고 언어적 존재들과 관련해서 언급했던 특화된 표현 유형들이다. 한편 유전자와 언어는 사람들의 몸과 정신보다는 훨씬 극소한 것들이다. 반면에 그것들은 극대-과정들에도 영향을 미칠 수 있다. 유전자는 전체적으로 인간종을 규정하고 언어는 이 종의 대부분의 믿음을 지배하는 종교를 규정할 수 있다. 두 번째 문제는 이렇게 특수한 배치들이 부분 대 전체의 관계에 어떻게 영향을 미치는가이다.

사회적 배치들의 첫 번째 중요한 시간적 양상은 사건들을 변화시킬 수 있는 상대적인 지속 시간이다. 지속적이고 의미 있는 변화를 가져오는 데 사람보다 조직에서 시간이 더 오래 걸리는가 아니면 조직보다 도시에서 더 오래 걸리는가? 여기서 우리는 먼저 사회적 배치들 사이에 사람들의 의식적인 개입 없이(즉, 의도적인 행위의 집단적인 비의도적 결과로 산출된 변화) 인과적 상호작용에 의해 발생된 변화들을 의도적인 계획의 결과로 나타난 변화들과 구분해야만 한다. 앞의 경우는 반복적인 상호작용의 산물로서 느리게 누적되는 과정을 포함한다. 예를 들어, 유럽에서 17~18세기 동안에 많은 조직의 권위 구조가 전통적인 정당성에 기초했던 형태에서 합리적이고-합법적인 관료적 절차에 기반한 형태로 변화했다. 이러한 변화는 정부의 관료제는 물론이고 병원, 학교, 감옥에도 영향을 미쳤다. 하지만 세밀한 연구를 진행해 보니, 하나의 평범한 일상이 2세기 이상의 느린 시간을 경과하며 다른 식으로 대체되면서 발생하는 변화에서 어떠한 의도적인 계획도 파악될 수 없었다. 비록 이런 식으로 대체되는 과정에서 개별적인 사람들——정당성에 대한 욕망 때문에 유발된 다른 조직 안에서 발생했던 것을 단순하게 어느 조직에서 모방했을 수도 있던 사람들——의 결정이 수반되었지만 그러한 결정의 세부사항들은 대부분의 경우 결과를 설명하기에 인과적으로 과잉된다. 이러한 결과는 조직적인 집단의 구성원들 사이에서 발생하는 반복되는 상호작용의 결과로 더 잘 이해된다. 유사한 논점이 도시 정착의 변화에도 적용된다. 이주자들과 투자를 놓고 벌이는 교역과 경쟁을 통해서 마을들 사이의 상호작용은 최초의 작은 이점들이 축적되고 자가 발전하는 역학 관계가 최초의 차이들을 증폭시킬 시간을 갖는 확장된 시간 동안에 결과들을 산출한다.

그러므로 전략적 계획을 통해서 설명할 수 없는 변화에서, 상대적으로 긴 시간 규모에서는 중요한 변화들이 발생하리라고 예상될 수 있다. 그러나 다른 경우에는 어떠한가? 조직적 규모나 도시의 규모에서 계획된 변화들이 개별적 의사 결정이라는 특정한 지속 시간으로 환원되는가? 이와 다른 경우에 지속적이고 중요한 변화들은 항상 **내적 자원 동원**, 에너지와 돈 같은 물질적 자원뿐만 아니라 연대나 정당성과 같은 표현적 자원을 수반한다. 사회적 존재가 더 큰 변화를 목표로 삼을수록 동원되어야 하는 자원의 양도 더 많아진다고 말하는 것이 안전하다고 나는 믿는다. 자원들이 항상 희소하다는 것을 고려하면, 필수적인 수단들이 즉각적으로 이용 가능하지 않을 수도 있고 시간이 흐르면서 축적될 필요가 있을 수도 있으므로 공간적 규모는 시간적 결과를 초래한다는 의미이다. 게다가, 자원 동원은 전통이나 선례에서부터 특정한 변화에 의해 영향을 받을 수도 있는 견고한 이해관계에 이르기까지 특정한 규모에서 다양한 관성의 근원에 대항해서 수행되어야만 한다. 변화의 공간적 규모가 크면 클수록, 관련된 사람들 사이에서 이루어져야 할 연합은 더욱 광범위해지고, 더욱 지속적으로 변화가 이루어져야 한다. 각기 다른 공간적 규모에서 두 개의 사례를 들어 이를 설명해 보자. 즉, 조직 자체를 변화시키는 조직 내에서 수행된 자원 동원과 이웃이나 전체 마을의 규모에서 변화하는 조직들의 위계 안에서 수행된 자원 동원을 예로 들어 보자.

첫 번째 경우, 조직들 사이의 변화는 조직들이 급속한 기술 발전을 따라잡기 위한 욕구를 통해서 설명될 수 있다. 권한을 가진 사람들이 새로운 기술의 기회와 위험을 정확하게 평가할 수 있다면, 조직은 **시간 내적인 변화로부터 외적인 압력으로** 충분히 빠르게 변화할 수 있을까? 더 단순하게 말해서, 조직에 유용한 자원들이 마음대로 동원될 수 있을까? 크고 복잡한 조직에서는 이것이 가능하지 않을 수 있다. 조직이 작동하는 데 방해가 되는 변화는 어떤 부서들보다 특정 부서에 더 많은 영향을 끼치거나, 어떤 부서에서 자원들을 빼내서 다른 부서에 투여할 가능성이 크고, 그럼으로써 협상을 통해서 극복해야만 하는 내적인 저항을 발생시킬 것이다. 이런 협상의 성공 가능성은 권위 구조 안의 공식적 역할이 고용자에 의해 형성된 인적 네트워크의 비공식적 역할과 일치하는 정도에 좌우될 것이다. 네트워크 속성(교점node의 구심성이나 대중성과 같은)이 공식적 권위와 일치하지 않는다면, 자원이 동원되면서 결과가 충돌하거나 교착 상태에 빠질 수 있다.[27] 하급자들에게 복종을 명령할 수 있는 사람들이 결정을 바꾸는 경우조차도 공동 행위의 복잡함 때문에 중앙에서 결정된 계획이 이행되는 동안 지연되므로 조직적 변화를 위해서는 더 긴 시간의 규모가 필요하다는 의미이다.

---

27) Paul DiMaggio, "Nadel's Paradox Revisited: Relational and Cultural Aspects of Organizational Structure", eds. Nohria and Eccles, *Networks and Organizations*, p.132.

협상을 하고 중앙의 결정들을 안전하게 준수하려는 필요 때문에 만들어진 시차 효과(effect of time-lags)는 중앙 정부의 정책에 의해서 도시 수준에서 변화가 초래된 경우처럼, 큰 공간적 규모에서 더욱 두드러진다. 입법, 행정, 사법 조직에 의해서 결정된 정책들을 이행하려면 관료 기관들과 같은 여러 조직들이 많이 참여해야 한다. 이러한 기관들은 재량권을 발휘하여 정책 목표를 현실적인 절차나 프로그램 그리고 규제로 전환한다. 그러므로 특정 정책 목표에 개입하는 것이 필요하고 이러한 개입은 진지한 관심에서부터 완전한 무관심까지 각기 다른 기관마다 다양하게 나타날 것이다. 그래서 필수적인 협상이 발생하면서 이행 과정이 지연된다. 이렇게 지연되는 이유는 애초에 관련되지 않았던 기관들이 전체 계획에서 할당받은 부분에 대한 관할권을 이해하고 해당 정책이 기관의 이해관계를 침해하는지를 평가하는 데 시간이 걸리기 때문이다. 만일 또 다른 기관들이 연관되어 있다면 정리되어야만 하는 거부권의 숫자가 늘어나기 때문에 이행 과정이 복잡해진다. 그러다 보면 정책의 이행은 애초의 목표를 변화하는 정치적 현실에 맞추어 가는 과정이 되어, 조정이 이루어질 때마다 협상과 협약 체결에 지연이 생긴다. 역사적으로, 정책의 원래 목표가 달성되지 못하는 이유는 "실행 조직이 합의가 지속되는 동안에 합의를 획득할 만큼 빠르게 움직이지 못하기 때문"이었다.[28]

사회적 배치의 두 번째 시간적 양상은 상대적인 지속 시간이다. 사람 수명보다 더 오래 지속되지 못했던 사회 현상을 일컫는 데 '제도'라는 용어가 좀처럼 사용될 수 없다는 것을 고려했을 때 이것은 사회학의 근본적

---

28) Jeffrey L. Pressman and Aaron Wildavsky, *Implementation*, Berkeley, CA: University of California Press, 1984, p. 92.

인 문제이다. 사람들은 통상적으로 이전에 존재하는 제도들(제도적 규범과 조직)의 세계 속에서 태어나서 이와 똑같은 수많은 조직들을 뒤로하고 죽는다. 하지만 단순히 수명을 넘어서, 우리는 사회적 배치의 정체성을 지속적으로 유지하는 과정들이 다른 공간적 규모와 서로 관련된 **특정한 수명**을 산출하는지 여부를 알고 싶어 할 것이다. 다시 말하면, 거대한 공간적 확장은 긴 시간적 지속과 관련이 있는가? 답은 단순한 관련성은 없다는 것이다. 사람들 사이의 네트워크는 지속 시간이 다르다. 친구들 사이의 산발적인 네트워크는 네트워크를 구성하는 사람들보다 오래 지속되지 않지만 근처에 사는 이웃들의 촘촘하게 짜인 네트워크들은 구성원들이 사망해도 유지되는 공동체를 낳는다. 제도적 조직의 지속성 역시 다양하다. 낮은 차원에서 식당들은 통상적으로 불과 몇 년밖에 안 되는 수명을 가지고 있지만(식당들에 조직 세계의 초파리라는 명성을 안겨 준다는 사실) 종교 조직, 정부 조직, 경제 조직은 몇 세기 동안 지속될 수 있다. 한편 도시는 역시 다양한 존속 시간을 갖지만 천 년 동안 지속되는 사례들도 있고 대체로는 도시 안에 있는 수많은 조직들보다는 오래 존속되는 경향을 갖고 있다. 마지막으로, 거대 제국과 같은 영토 국가들은 적어도 도시만큼은 오래 존속하는 복원력을 보여 주었고 민족 국가들은 생겨난 지가 얼마 되지 않아서 얼마나 존속할지를 정확하게 알 수 없다. 그러므로 어떤 경우에는 공간적 규모와 시간적 규모가 연관되어 있고 또 어떤 경우에는 그렇지 않다. 한편 사람보다 더 큰 대부분의 사회적 배치들은 유아 사망률이 감소하고 평균 기대 수명이 증가하는 오늘날에도 평균적으로는 사람들보다 오래 존속되는 경향이 있다.

사람들 사이의 네트워크가 촘촘한 경우에, 상대적으로 수명이 긴 이유는 이러한 공동체는 연속되는 이웃 세대들이 겹쳐지면서 유지되기 때문이다. 마찬가지로 위계 조직의 경우에는 직원의 변화가 전면적이지 않아서, 즉 일상 업무에 익숙한 관리자들과 새로운 고용자들이 항상 겹쳐진다. 이렇게 시간적으로 겹쳐질 뿐만 아니라, 세대들 사이에 특정 공동체의 전통과 관습, 특정한 위계적 조직에서 권한의 위치를 정의하는 공식적·비공식적 규칙에 대해서 의미론적 정보의 전달이 이루어진다. 이런 식으로 언어를 통한 전달은 사회적 배치의 정체성을 유지하는 데 도움을 준다. 이는 유전자의 흐름을 통해서 생물학적 배치의 정체성이 보전되는 것과도 같다. 앞 장에서 내가 말했듯이, 이렇게 특화된 표현 매체들은 그 자체가 유일하고 일반적인 존재들이 아니라 부분 대 전체의 관계에서 구체적이고 개별적인 존재의 집단, 개별적인 소리, 말, 문장의 집단, 개별적인 뉴클레오티드(핵산의 구성 성분), 유전자 그리고 염색체의 집단으로 이 지구상에 깃들어 있는 배치로 간주되어야 한다.

다른 한편 이러한 배치들은 두 가지 방식에서 특별하다. 첫째, 배치들은 유전 물질의 경우에는 물리적 모형 메커니즘을 통해서 그리고 언어적 요소의 경우에는 강화된 사회적 의무를 통해서 **가변적으로 복제**될 수 있다. 복제자 집단은 필터나 분류장치와 연결되어 오랫동안 변화를 이끌어서 과거의 영향력이 현재에 영향을 미치도록 할 수 있다. 분류장치가 이러한 진화를 적응 쪽으로 기울게 하면, 복제자 집단은 학습 메커니즘, 자체적인 내적 변화를 통해서 환경의 변화를 따라가는 수단으로 작용할 수 있다. 둘째, 이렇게 특화된 배치들은 **다중적인 공간적 규모에서 일제히** 작동할 수 있다. 유전자는 세포 내에서 활성화되어 기관의 기능을 관장해서 유기체 전체의 행동에 영향을 주고, 이러한 흐름의 방해물들은 종의 생식 격리를 규정한다. 언어는 사람들 사이의 가장 친밀한 믿음, 대중의 대화 내용, 작은 공동체의 구술 전통 그리고 거대한 조직과 정부의 성문법을 형성한다.[29] 언어 복제자의 흐름 덕분에, 각기 다른 공간적 규모에서 작동하는 배치들 역시 어떤 조직이 다른 지역에 새로운 지점을 열고 관리자들을 보내 신입사원들이 해야 할 일과를 전달하는 경우처럼 복제될 수 있다. 그러나 언어 복제자의 흐름이 한 세대에서 동일한 공동체의 다른 세대들에게 혹은 하나의 조직에서 새로운 지점으로 내려가듯이 항상 '수직적'일 필요는 없다. 생식적으로 격리된 극소-유기체들처럼, 이러한 흐름은 '수평적'일 수 있어서 사회적 배치의 정체성을 유지하기보다는 오히려 바꾸는 낯선 일과나 절차 혹은 의식을 끌어들인다.

이러한 특징들은 일반적인 배치가 아니라 유전적 배치와 언어적 배치를 만들어 낸다. 하지만 아무리 특수하더라도, 이것들은 다른 구성 부분들과 함께 외재성의 관계에 들어가는 구성 부분들 이상으로 간주될 수는 결코 없다. 이러한 관계들이 내재성의 관계로 간주되면, 관련된 부분들의 정체성을 구성하는 유전자와 언어 모두는 본질로 변질된다. 언어의 경우에, 이러한 책략은 **경험의 언어성** 테제, 즉 한편으로 미분화된 현상학적 장이 일반명사의 의미에 의해서 분리된 존재들로 잘게 잘린다는 생각을 구체화한다. 많은 경우에 일반적 범주의 의미는 매우 틀에 박혀 있기 때문에(특히 성이나 인종의 범주처럼, 사람들에게 적용되는 범주의 경우에) 경험의 언어성 테제는 지각이 사회적으로 구성된다는 의미를 갖는다.[30] 이 장

---

29) 이런 식으로 규모를 가로질러 작동하는 능력은 부분을 형성하는 어느 존재들보다 유전자나 언어가 '훨씬 최소'하다는 점을 고려해 보면 매우 놀랍다. 하지만 들뢰즈와 가타리는 이러한 표현의 '분자화'를 유전자와 언어에 최소와 최대 사이의 매우 복잡한 관계들을 생산하는 능력을 부여해 준 것이라고 정확하게 파악한다. Deleuze and Guattari, *A Thousand Plateaus*, p.59.

30) Peter L. Berger and Thomas Luckmann, *The Social Construction of Reality*, New York: Anchor Books, 1967.

을 시작하면서 나는 일반적 범주로는 실재 세계에서 어떤 것도 지칭할 수 없고 일반적 범주를 신봉하게 되면(즉, 일반적 범주들을 구체화하면) 곧바로 본질주의에 빠진다고 주장했다. 사회 구성주의는 일반적 범주가 단순한 고정관념임을 보여 줌으로써 그러한 범주가 구체화되지 못하게 가로막는다는 의미에서 본질주의에 대한 해독제가 될 수 있다. 그러나 지각은 경험의 내용만이 실제로 존재한다는 존재론적 가정과 더불어 본질적으로 언어적이라는 생각과 연결되면 이러한 입장은 곧바로 **사회 본질주의**의 형태로 귀결된다. 다음 장에서 점차 더 큰 공간적 규모에서 사회적 배치들을 자세하게 분석할 때, 특히 처음에, 일부만이 언어적이라고 밝혀질 개인 이하 구성 요소들 사이의 상호작용으로부터 개별적인 사람들이 어떻게 나타나는지를 설명하려고 시도할 때, 이러한 위험성을 항상 유념해야 한다.

3장 _ 사람과 네트워크

사회과학에서 다룰 수 있는 가장 작은 분석 단위가 사람은 아니지만——
개별 경제 거래처럼 개인의 행위가 분석 단위로 사용될 수 있다——여기
서 다루는 가장 작은 규모의 사회적 배치는 사람이다. 개인 이하의 구성
요소들 사이의 상호작용을 통해서 사람이 출현하고 그런 구성 요소들 가
운데 일부는 사실상 가장 작은 단위의 사회적 존재라고 부를 만하다. 이
문제에 대한 해결은 사실 중요하지 않다. 우리에게 필요한 것은 상향식 존
재론적 모델을 향한 출발점이고 개인적 수준의 규모는 편리한 모델을 제
공해 준다. 한편 처음부터 밝히고 넘어가야 할 것은 이러한 목표가 주관성
이나 의식과 관련된 모든 철학적 문제들(아마도 앞으로도 오랫동안 철학자
들을 계속해서 당황스럽게 만들 문제들)을 해결할 수는 없다는 점이다. 전
적으로 필요한 것은 배치 이론의 제약을 충족시키는 그럴듯한 주체의 모
델, 즉 경험의 내용을 통해서 외재성의 관계가 설정됨으로써 주체가 나타
나는 모델이다. 이러한 모델을 위한 좋은 후보는 들뢰즈 자신이 오래전에
주장했듯이 경험론으로 알려진 철학파에서 발견될 수 있다.

경험론적 전통은 주로 인식론적 주장, 즉 언어적 지식을 포함해서 모든 지식은 궁극적으로 감각 인상으로 환원될 수 있다는 주장으로 기억된다. 결국 감각 경험이 모든 지식의 토대라는 주장이다. 하지만 들뢰즈는 데이비드 흄(David Hume)의 저작에서 이런 식의 낡고 기본적인 인식론보다 더 흥미로운 점을 발견했는데, 그것은 경험의 언어성(the linguisticality of experience) 테제에 기반한 가장 유력한 모델에 대한 대안적 역할을 할 수 있는 주관성의 기원(the genesis of subjectivity)이라는 모델이다. 경험론적 모델은 다른 무엇보다도 **확실하고 구별 가능한** 감각 인상이라는 측면에서 주관적 경험을 개념화한다. 우리가 그러한 인상에서 얻은 관념들은 사회적 관습을 통해서 인상과 관련되는 것이 아니라 더 **낮은 강도**에 의해 배타적으로 구별될 수 있는 인상들의 직접적인 복제들이다.[1] 배치 이론의 관점에서, 인상의 유형 하나하나가 ——시각적·청각적·후각적·촉각적인 것뿐만 아니라 다수의 정념, 자신감과 부끄러움에서 사랑과 증오까지 ——자신만의 특이한 개체성, 즉 이러한 인상들 각각은 흄이 말하듯이 '근원적 존재'(original existence)[2]를 지닌다는 점은 중요하다. 이런 점은 인상들의 이종성과 다른 것으로의 환원 불가능성을 보장해준다. 게다가 인상의 특이성은 경험론적 모델을 **개별적** 인상을 정신적으로 **일반적** 범주에 속한 것으로 분류해서 인식하는 언어 기반 모델과 구별

---

1) "인간 정신의 모든 지각들은 두 가지 종류로 귀결될 수 있는데, 나는 그것을 **인상들**과 **관념들**이라고 부를 것이다. 이것들 사이의 차이는 정신에 가해지고 우리의 사고와 의식으로 나아가는 힘과 생생함의 정도에 있다. 가장 강하고 격렬하게 들어오는 그러한 지각을 우리는 인상들이라고 부를 수 있다. 그리고 이러한 이름하에서 나는 모든 우리의 감각 작용, 정념 그리고 감정을 영혼에 드러난 대로 이해한다. 여기서 '관념'이란 사고나 추론을 할 때 생기는 희미한 이미지들을 말한다."(David Hume, *A Treatise of Human Nature*, London: Penguin, 1969, p.49. 강조는 원저자)

2) *Ibid.*, p.462.

해 준다.

한편 어떤 과정은 이러한 특이한 인상과 관념에 균일도와 항상성을 증가시키더라도 일정한 통일성을 부여해야만 한다. 잘 알려져 있듯이 이러한 과정이 관념의 연합이다. 이것이 외재성의 관계를 통해서 모델이 될 수 있을까? 필자는 이전에 원인이 결과에 미치는 작용이 외재성의 관계를 잘 예시해 준다고 주장했었다. 유사한 이유로, **형식적 조작자**(formal operator)가 논증에 **미치는 작용** 역시 좋은 사례를 만들어 준다. 주관성의 경우에, 관념에 작용하는 일정한 조작자들이 관념과 조작자들 사이에 연합하기 쉬운 연결 고리를 만들고 그 과정에서 주관적 경험에 전반적인 일관성을 부여한다. 좀 더 구체적으로 말하면, (시간적·공간적) 인접 관계를 통한 관념들의 습관적 배합, 유사 관계를 통한 습관적 비교, 항상 결합된 것으로 인식되는 원인과 결과의 습관적 짝짓기는 개별적이고 느슨한 관념들의 다발을 창발적 속성을 지닌 전체로 바꾼다. 이렇게 세 가지 작동(인접 관계, 유사 관계, 인과 관계)에 의해서 관념들 사이에 설정된 연합 관계들은 외재성의 기준을 충족시키는데, 그 이유는 그러한 관계들은 관념들 자체를 바꾸지 않고도 변화할 수 있고 관념의 속성들이 적용되는 작동을 설명하는 데 사용되지 않기 때문이다.[3]

이러한 세 가지 연합 작동자들은 흄에 따르면 '인간 본성의 근원적 특성'[4]으로 모든 인간에게 공통되는 것이라고 여겨져야 한다. 물론, 인간의

---

3) 사실, 흄은 연관된 관념들(인접성, 정체성, 인과성)을 변화시키지 않고도 변화할 수 있는 관계들과 그렇지 않은 관계들(유사성, 반대, 질적 정도와 양적 비율)을 구분한다. 이것은 관념들 사이의 모든 관련이 외재성의 관계라는 설명과 모순되는 것처럼 보인다. 하지만, 들뢰즈가 주장하듯, 그렇지가 않다. 관념에 의존하는 듯 보이는 네 가지 관계성은 비교, 즉 비교되는 관념들에 외재적인 작용을 의미한다. Deleuze, *Empiricism and Subjectivity*, pp.99~101 참조.
4) Hume, *A Treatise of Human Nature*, p.60.

본성이 공유된다고 해서 본질주의가 개입되어야 한다고 받아들여서는 결코 안 되는데, 인간종은 인간의 유기체만큼이나 우발적인 역사적 산물이기 때문이다. 모든 종에 내장되어 있는 속성들은 유기체나 사람들보다 훨씬 더 오래 지속되어서 유기체적·시간적 규모에서 사건을 고려할 때, '고정되고 필연적인 본성'을 포함하고 있는 듯이 보일 수도 있다. 하지만 이러한 고정성과 필연성은 훨씬 더딘 종적 속성들의 변화율 때문에 혹은 높은 생식 격리도 때문에 생긴 일종의 '시각적 환영'이다. 다른 한편, 모든 종에 내재된 주관성이라는 형식의 출현을 설명하는 과정은 개별 문화에 속해 있는 개별적인 사람들을 규정하는 많은 특성을 무시한다. 그래서 원인과 결과의 습관적 연합 때문에 인간 주체는 목적에 수단을 맞출 수 있고 (즉, 실용적 문제를 해결) 목적의 선택은 전적으로 정념에 의존하는데, 습관적으로 유쾌하거나 긍정적 정념과 연합된 목적을 추구하고 고통스럽거나 부정적 정념과 연결된 목적을 피한다.[5] 이러한 이중의 과정에서 나타난 주체는 **실용적 주체**라서 주체의 행위는 개인적 동기를 진술함으로써, 그리고 전통적 가치와 같은 이유를 제시함으로써 설명되어야 한다. 주관성의 출현이라는 모델을 들뢰즈 자신의 말을 인용하여 다음과 같이 요약할 수 있다.

… 정신을 주체로 바꾸고 정신 안에 주체를 구성하는 것은 인간 본성의

---

5) 들뢰즈는 다음과 같이 서술한다.
"… 연상의 원리가 관념들이 연관되어 있다는 것을 설명해 준다면, 정념의 원리만이 특정한 관념이 특정 순간에 연관된다는 것을 설명해 줄 수 있다. … 마치 연상의 원리가 주체에 필연적 형식을 제공해 주고, 정념의 원리는 주체에 특이한 내용을 제공해 주는 듯이 모든 일은 발생한다."(Deleuze, *Empiricism and Subjectivity*, pp. 103~104)

원리이다. 이러한 원리들은 두 가지 종류가 있다. 연합의 원리와 정념의 원리인데 어떤 면에서 이것들은 유용성의 원리라는 일반적 형식으로 나타날 수 있다. 주체는 유용성의 원리의 영향을 받아 목적이나 의도를 추구하는 존재이다. 주체는 연합의 원리의 영향을 받아서 목적에 맞게 수단을 조직하고 관념들 사이의 관계를 설정한다. 그러므로, 이러한 다발이 체계가 된다. 인식의 다발이 조직되고 묶이면 체계가 된다.[6]

이러한 체계적 존재는 물질적 역할을 하는 구성 요소들과 표현적 역할을 하는 구성 요소들을 구분하고 존재에 안정성을 부여하는 과정들과 존재를 불안정하게 하는 과정들을 구분함으로써 배치로 다루어질 수 있다. 물질적 역할은 배후에서 감각 인상을 만들어 내는 메커니즘과 인간의 광범위한 정념과 감정을 추구하는 육체적 기질의 기초가 되는 메커니즘 그리고 세 개의 연합 조작자들을 신경학적으로 실현하는 메커니즘에 의해서 수행된다. 비록 흄 자신이 이러한 메커니즘의 본성에 대해서 숙고하지는 않았지만, 기본적인 인상들이 "육체의 기질이나 동물 정기로부터 혹은 대상이 외적 기관에 적용되면서 나타난다고 믿었다".[7] 이러한 메커니즘들에 초점 주의(focused attention)[8]라는 형태로 연합의 고리들을 지속적으로 산출하는 데 관련되는 에너지나 노동을 추가해야 한다. 한편 표현

---

6) *Ibid.*, p.98. 들뢰즈는 여기서 '배치 혹은 다발'과 '체계'를 대비하고 있다. 이것은 들뢰즈가 후기 저작에서 끌어들인 '배치'와 '층' 사이의 대비와 유사하다. 1장에서 논의했듯이, 필자는 이러한 대비를 유형들 사이의 이분법이 아니라 초코드화된 배치들이 '층'이 되는 배치의 특징을 이루는 세 번째 차원으로 다루기를 선호한다.

7) Hume, *A Treatise of Human Nature*, p.327.

8) 심리학 용어로 초점이 되는 요소나 사건 혹은 현상에 지나치게 주의를 집중하고 그 밖의 사건이나 현상을 무시하는 심리적 상태를 말한다. ── 옮긴이

적 역할은 언어적 구성 요소와 비언어적 구성 요소에 의해서 수행된다. 비언어적 구성 요소의 대표적인 사례가 감각적 인상과 강렬한 인상 둘 다로부터 나온 관념들이다. 필자가 전에도 언급했듯이, 관념과 인상 사이의 관계는 재현적(representational)이지 않다. 그래서 습관이나 코드에 의해 전달되지 않는다. **관념들은 직접적으로 인상들을 표현한다.** 흄이 주장하듯이, "어두운 곳에서 우리가 만들어 내는 빨간색이라는 관념과 햇볕에서 우리의 눈에 닿는 빨간 인상은 본성이 아니라 정도만 다른 것이다".[9]

배치에 안정적 정체성을 부여하는 영토화 과정에서 핵심적인 것은 **습관적 반복**이다. 흄에게 습관은 관념의 연합을 지속시키는 데 의식적 반영보다 훨씬 강력한 힘이고 개인의 정체성은 습관적이거나 일상적인 연합들이 지속적으로 유지되는 한에서만 안정적이다.[10] 관념들 사이의 고정된 연합을 만들어 내기 이전의 상태(관념들이 **망상**에 빠진 듯이 연결되는 상태)로 주체를 되돌리는 과정 때문에 개인의 정체성이 불안정해질 수 있다. 이러한 탈영토화 과정의 사례는 쉽게 찾아볼 수 있다. 그것들은 광기, 고열, 도취, 지각 상실 그리고 심지어 수용소 죄수들의 일과를 방해할 목적으로 수행되는 고의적인 간섭들이다. 이런저런 과정들은 주체의 정체성을 잃게 하거나 적어도 극심한 불안정을 초래할 수 있다.[11]

한편 개인의 정체성은 안정성의 상실이나 능력의 확대를 통해서도 탈영토화될 수 있다. 여기서 우리는 흄을 넘어서서 습관이나 관례에 **새로운 기술 습득의 효과**를 추가해야 한다. 예를 들면, 어린아이가 수영이나 자

---

9) *Ibid.*, p.51.
10) *Ibid.*, p.308.
11) 광기의 영향에 대해서는 *Ibid.*, p.172 참조.

전거 타기를 배우게 되면, 새로운 인상과 관념으로 가득한 경험을 할 수 있는 새로운 세계가 갑자기 열린다. 아이가 새 자전거를 타고 과감하게 집을 벗어나거나 바다처럼 이전에 금지되었던 공간에 살면서 과거의 관례를 깨뜨릴 정도로 새로운 기술은 탈영토화 작용을 한다. 요컨대 새로운 기술은 영향을 주고받는 능력을 증가시키고, 다르게 표현하면 새로운 배치, 즉 인체가 자전거, 단단한 땅 그리고 중력장과 형성하는 배치를 시작하는 능력을 증가시켜 준다. 물론 새로운 기술을 사용하는 것도 계속해서 습득 과정을 새로운 방향으로 끌고 가지 않으면 바로 틀에 박힌 일이 될 수 있다. 게다가, 완고한 습관들이 선형적 원인과 항구적 결과를 연합시킬 수 있을 정도로 충분해질 수 있게 되면, 더 많은 적응력과 유연한 기술을 필요로 하는 비선형적 원인들을 다루기에는 불충분해진다.

마지막으로, 언어적 성격을 지닌 표현적 구성 요소들이 수행하는 역할의 문제가 있다. 이러한 요소들은 내재성의 관계에 대항하는 제약, 필자가 이전에 언급했듯이 신칸트학파의 언어에 대한 구성적 역할을 배제하는 제약과 관련해서 소개되어야 한다. 더욱이, 언어는 인간종의 진화사에서 상대적으로 늦게 나왔다는 점을 유념해야만 한다. 지능을 가진 종으로서 우리는 인과 관계에 관한 축적된 지식을 활용하여 수천 년 동안 성공적으로 환경 변화에 대처해 왔다. 흄 자신도 수단을 목적에 맞추는 능력(즉, 인과적 추리 능력)이 인간만의 배타적인 능력이 아니라 "자신만의 보존과 종의 번식을 위해서" 그런 능력을 사용하는 다른 동물들에서도 관찰될 수 있다고 주장한다.[12] 그래서 배치 이론과 양립하려면, 언어에 대한 어떠한 해설도 선험적이고 비언어적인 지능의 형식을 기초로 해서 언어

---

12) *Ibid.*, p.308.

의 최초 출현을 설명할 수 있어야 한다. 한편 마침내 언어가 출현했을 때, 언어는 이전의 지능 형식을 훨씬 거대한 **조합적 생산 능력**(combinatorial productivity)을 통해서 증가시켰다. 비평가들이 자주 지적했던 연합론적 접근 방식의 한 가지 난점은 간단한 관념들이 훨씬 복잡한 관념들로 이동하는 문제이다. 흄의 설명에 따르면, 사과란 복합 관념은 특정한 색깔, 모양, 향기, 맛 등의 단순 관념들이 조합되어서 만들어진다. 하지만 이러한 조합 능력은 언어의 능력과 비교해 보면 미미하다. 사전에는 한정된 숫자의 낱말이 담겨 있지만, 문법 규칙들은 잘 형성된 문장을 무한히 만들어 낼 수 있다.[13] 배치 이론의 관점에서 보면, 그것을 설명하는(기존의 몇몇 이론들이 하는) 문법 이론이 진화론적 시험(즉, 그것이 요구하는 형식적 조작자들이 선험적이고 비언어적인 주관의 형식으로부터 나올 수 있다는 것)도 통과할 수 있는 한, 언어의 조합적 생산 능력을 연합주의에 첨가해도 문제는 없다.[14]

모든 요구 조건들을 충족시키는 언어 이론이 있다고 가정하면, 개인

---

13) 연상주의의 결합론적 빈곤에 관한 가장 유명한 비판은 Jerry A. Fodor and Zenon W. Pylyshyn, "Connectionism and Cognitive Architecture: A Critical Analysis", ed. John Haugeland, *Mind Design II: Philosophy, Psychology and Artificial Intelligence*, Cambridge, MA: MIT Press, 1997, pp.309~350이다.
이러한 빈곤함을 보충해 줄 수 있는 연상주의적으로 확장된 최근의 논의에 대해서는 William Bechtel and Adele Abrahamsen, *Connectionism and the Mind: An Introduction to Parallel Distributed Processing in Networks*, Cambridge, MA and Oxford: Basil Blackwell, 1991, pp.101~102; Andy Clark, *Microcognition, Philosophy, Cognitive Science, and Parallel Distributed Processing*, Cambridge, MA: MIT Press, 1990, pp.143~151.
14) 조합적 생산성의 요구와 진화론적 요구를 모두 충족하는 문법 이론은 Zellig Harris, *A Theory of Language and Information: A Mathematical Approach*, Oxford: Clarendon Press, 1981이다. 실재 언어와 변증법의 진화론적 역사를 DeLanda, *A Thousand Years of Nonlinear History*, ch.3에서 완전하게 제시한다.

적 규모에서 언어의 중요한 효과는 **믿음**을 형성하는 것이다. 흄의 설명에 따르면, 특정한 관념에 관련되어 있는 믿음과 불신의 차이는 단순히 정도의 문제이다.[15] 관념이 낮은 강도로 복제된 인상이라면, 관념을 믿는다는 것은 관념을 단순히 인상들에 더 근접시키는 것이다. 이것은 흄에 따르면, "허구의 관념과는 다른 감정에 관념이 찬동하는"[16] 이유이다. 감정으로서의 믿음이란 개념은 언어의 역할을 강조하는 근대 철학자들의 개념과 뚜렷한 차이를 나타낸다. 필자가 1장에서 말했듯이, 믿음은 명제에 대한, 즉 사실의 문제들을 진술하는(참이든 거짓이든) 문장의 의미에 대한 태도로 간주될 수 있다. 평서문이 언어의 조합적 생산 능력의 중요한 사례이고, 배치 이론에서 이러한 생산 능력이 실재하는 것으로 받아들여진다면, 우리는 믿음의 정의를 명제 태도(propositional attitudes)[17]로 진지하게 받아들여야 한다. 한편 그렇다고 해서 흄의 개념을 배제하지는 않는데, 우리는 그러한 태도를 다른 강도로 받아들일 수 있기 때문이고, 많은 경우에 사회적 행위를 추동하는 것은 그에 해당하는 명제라기보다는 주어진 믿음의 강도이다. 그러므로 어떤 사람들은 순교가 영원한 보상을 보장해 준다고 믿으면 그런 이유로 기꺼이 죽을 수도 있다. 자진해서 스스로를 희생하는 행위는 믿음의 특정한 의미론적 내용(말하자면, 하늘에서 기다리고 있는 특정 숫자의 동정녀), 즉 행위를 바꾸지 않고도 바뀔 수 있는 내용보다는 헌신의 강도와 훨씬 밀접하게 연결된다. 의미론적 내용보다 강도가

---

15) Hume, *A Treatise of Human Nature*, p.144. 믿음은 "우리 관념에 힘이나 생기를 추가적으로 부여해 줄 뿐이다."

16) *Ibid.*, p.146.

17) 명제 P에 대하여, P라고 생각한다, P라고 믿는다, P라고 두려워한다 등, 명제 P에 대한 이러저러한 태도를 갖는 것. ― 옮긴이

중요한 것은 **욕망**과 같은 명제 태도에서 더 명확해진다. 영원한 구원에 대한 욕망의 경우처럼, 욕망은 직접적으로 명제를 향할 수도 있지만 순수하게 흄의 관념들(명확한 맛이나 소리, 혹은 특정한 시각적 경험에 대한 욕망)을 대상으로 받아들일 수도 있다.

　주관성이 배치 이론 안에서 어떻게 다루어질 수 있는지에 대한 간략한 밑그림이 완전할 수는 없지만 출발점으로 삼기에는 충분할 것이다. 개인 이하의 구성 요소들(인상, 관념, 명제 태도, 습관, 기술)이 조합되어 나타나는 주관이나 사람은 적절한 능력을 가지고 있어서 실용적으로 행동하고 아무런 의식적 결정을 필요로 하지 않는 다양한 습관적·관습적 이유에 맞는 목표를 사회적으로 선택한다. 한편 배치를 생산해 내는 과정들이 항상 반복적이라면(즉, 과정들이 항상 집단을 산출한다면), 우리는 즉각적으로 사람들 사이의 상호작용에서 발생하는 주관성의 양상을 추가해야만 한다. 이러한 상호작용 가운데 일부는 배치들 내에서 발생한 것으로 볼 수 있기는 하지만 훨씬 짧은 순간에 발생하는 것들도 있다. 이러한 단명한 배치들은 '사회적 만남'이라고 지칭할 수 있고 수없이 다양한 유형의 사회적 만남 가운데 특히 우리와 관련된 것(둘 혹은 그보다 많은 사람들 사이의 대화)을 골라낼 수 있다.

　이와 관련해 가장 중요한 연구는 의심의 여지도 없이 사회학자 어빙 고프먼의 작업을 들 수 있다. 그는 대화를 통해서 사람들에게 또 다른 정체성의 층이 부여되는 방식을 연구했다. 사람들은 다른 사람들을 만나면서 **공적 이미지 즉 페르소나(외적 인격)**를 투사하는데, 그것은 그들이 누구인지에는 거의 관계가 없고 그들이 되고자 하는 것과 관계된 이미지다. 고프먼의 대화 분석은 무엇보다도 외재성의 관계를 강조하는 배치 이론의 접근 방식에 차용된다. 그는 자신의 연구 주제를 다음과 같이 정의한다.

공존하는 동안 그리고 공존을 통해서 발생하는 사건들의 종류. 궁극적인 행동의 소재는 눈길, 몸동작, 위치 잡기 그리고 의도적이든 아니든 사람들이 지속적으로 상황 속에 주입하는 언어적 진술들이다. 이것들은 통상적으로 마음과 몸의 상태는 사회 조직이라는 면에서 검증되지 않는 **지향과 개입의 외재적 기호들이다.**[18]

게다가, 고프먼의 접근 방식에서는 대화의 구성 요소들로 환원될 수 없는 대화의 속성들을 강조한다. 예를 들어서, **의례적 균형**(ritual equilibrium)을 지닌 속성은 관여나 관심이 적당하게 배분되지 않으면 위협을 받을 수도 있다. 의례적 균형을 위협하는 좋은 사례로는 말실수(단어의 틀린 발음이나 오용, 필요할 때 유효한 단어를 사용할 수 있는 능력의 부족)나 결례(말을 더듬는 사람을 조롱하거나 잘못 말한 내용을 거짓말로 부르기)와 같은 황당한 사건들인데 이런 일들로 인해 관심이 대화 그 자체로부터 참여자들이 서로 강하게 주장하는 규범들로 전환되기 때문이다. 이런 위협이 발생하면, 상황 그 자체가 당황스러워진다. 실수를 저지른 당사자는 창피함을 느낄 수 있고, 특히 사람들이 체면을 세울 기회를 허락하지 않으면, 다른 사람들도 사건 자체에 대해서 난처하게 느낄 수 있고 그래서 상황 전체가 악화되므로 상황이 개선되어야만 한다. 개선이 필요한 정도는 혼란의 강도와 직접적으로 연결된다. 고프먼이 주장하듯이, 모욕적인 사건은 "모든 참석자들을 의례적 불균형 상태 혹은 수치스런 상태에 놓이게 하기에 만족할 만한 의식적 상태를 재설정하기 위한 시도가 이루어져

---

18) Ervin Goffman, *Interaction Ritual: Essays on Face-to-face Behaviour*, New York: Pantheon Books, 1967, p.1. 강조는 인용자.

야 한다. ··· 여기서 균형이란 이미지가 적합한데, 교정 노력의 범위와 강도는 위협의 지속과 강도에 정확하게 맞춰지기 때문이다".[19]

배치에서 대화는 물질적 역할과 표현적 역할을 모두 수행하는 구성 요소들을 가지고 있다. 중요한 물질적 구성 요소는 **공존**이다. 공간적으로 몸이 서로 들릴 정도로 충분히 가까이 모여 있어야 하고 신체적으로 서로를 향하고 있어야 한다. 또 다른 물질적 구성 요소는 대화를 유지하는 데 필요한 관심과 관여고 의례적 불균형 상태를 복구하려는 노력이다. 일상적인 대화에서 이런 노력은 단순한 습관일 수도 있지만, 기지(다른 사람들을 당황스럽지 않게 하는 능력)와 균형(잠재적으로 당황스러운 환경에서 평정심을 유지하는 능력)과 같은 기술을 활용해야 하는 경우도 있을 수 있다.[20] 이것들은 물질적 역할을 수행하는 최소한의 구성 요소들이다. 하지만 기술적 발명(전화기나 컴퓨터 네트워크와 같은) 덕분에 몇몇 물질적 구성 요소들(공간적 근접성)이 사라지면서 물리적으로 엄밀하게 공존해야 할 필요성이 없어질 수도 있지만 기술 장치들과 그런 장비들을 연결시켜 줄 기반 시설은 추가되어야 한다.

대화의 내용을 구성하는 단어의 흐름이 확실히 중요한 표현적 역할을 하지만, 대화에 참여하는 모든 사람들 역시 얼굴 표정, 몸동작, 균형과 기지의 전개(혹은 전개 실패), 주제 선택 그리고 여러 가지 방식을 통해서 공적 페르소나의 주장을 표현하고 있다. 이런 식의 정체성 표현은 조심스럽게, 즉 투사된 이미지가 다른 사람들에게 쉽게 의심받지 않을 방식으로 이루어져야 한다. 어떤 특정한 대화라도 참여자들에게 자기 자신들에 대

---

19) *Ibid.*, p. 19.
20) *Ibid.*, p. 103.

한 호의적인 정보뿐만 아니라 호의적이지 않은 사실들을 제공해 줄 것이다. 이런 정보는 부분적으로 누군가의 평판이 되므로, 다음 만남에서 표현될 수 있는 정체성에 영향을 줄 것이다. 공적 페르소나의 주장이 표현될 수 있는 다양한 수단들은 이러한 배치들의 비언어적이고 표현적인 구성요소를 구성한다.

대화는 시간과 공간의 경계를 정의하는 행위 과정을 통해서 영토화된다고 말할 수 있다. 전형적으로 대화의 공간적 경계는 잘 규정되는데, 부분적으로는 공존의 물질적 필요성 때문이기도 하고 부분적으로는 참여자들 스스로가 서로를 정당한 상호관계자로 승인하고 대화에 끼어드는 주변 사람들을 배제하기 때문이다. 고프먼이 주장하듯이, "상호 승인 과정이 발생하면, 그렇게 승인된 사람들은 **대화 상태**로 들어간다. 즉, 그들은 공식적으로 스스로를 구두로 의사소통하기 위해 서로에게 개방하고 단어의 흐름을 유지하기로 서로 약속한다고 선언하는 것이다".[21] 대화는 또한 시간적으로도 만남을 시작해서 종료하는 관습적인 방식은 물론이고 만나는 동안에 순서를 정하는 시간적 질서에 의해서 규정되는 경계가 있다.

대화를 불안정하게 하거나 경계를 흐리게 하는 어떤 사건이나 사건의 계열도 탈영토화로 간주될 수 있다. 곤경이나 모욕은 대화를 불안정하게 하는 사례이다. 공개적으로 받아들일 수 있는 자아가 대화에서 오고 가는 한에서, 이러한 공적 이미지에 가해진 피해는 상황의 안정성에 대한 잠재적 위험이다. 고프먼은 모욕의 강도에 드러나는 임계점에 대해서 논의한다. 예를 들어서, 평정심을 되찾는 것이 불가능해지면, 난처한 상황이

---

21) *Ibid.*, p.34.

대화 참여자들 모두에게 전해져서 대화는 중단된다.[22] 심지어, 일상적인 대화가 열띤 토론으로 바뀌고, 상황이 정리되지 않으면 주먹다짐으로 바뀔 수도 있는 사건들도 있다. 이런 사건들 역시 탈영토화이다. 마지막으로, 장거리 대화를 가능하게 해주는 기술적 발명은 사회적 만남의 형식을 바꾸지 않고 공간적 한계를 모호하게 하여 대화 참여자들에게 여러 가지 방식으로 공존의 결여감을 보충해 주면서 대화의 정체성에 영향을 준다.

이러한 배치에서 언어가 수행하는 역할은 이런 식의 교환 과정에서 소통되는 것이 단어와 문장이라는 점에서 직접적이다. 하지만 필자가 이전 장에서 주장했듯이, 이러한 언어적 존재들은 의미작용(signification)과 의미(significance)를 둘 다 가지고 있어서 한편으로는 의미론적이고 다른 한편으로는 실용적인 두 가지 차원의 의미가 절대로 혼동되어서는 안 된다.[23] 언어의 실용적 차원을 환기시킬 수 있는 한 가지 방법은 뭔가를 말했을 때 발생하는 결과를 생각해 보는 것이다. 고프먼이 주장하듯이, 일부러 시간을 때울 목적의 활동을 제외하면 인간의 모든 활동에는 실용적 결과가 따른다. 많은 경우에, 이런 결과들은 매우 높은 발생 가능성 덕분에 비교적 미리 잘 알 수 있어서 의문의 여지가 없다. 그러나 결과적으로 의문의 여지가 생기는 상황들도 있다. 이런 상황을 고프먼은 **중대한**

---

22) *Ibid.*, p.103.

23) 수십 년 동안 구문론과 의미론에만 몰두하던 분석 철학자들이 입장을 바꾸어 실용적 차원을 염두에 두기 시작하고 있다. 이언 해킹은 '사회적 구조'라는 말을 분석하면서 일부러 "그것의 의미론적 내용은 무엇인가?"라고 묻지 않고 대신에 "그것의 요점이 무엇인가?"(즉, 그것의 의미는 무엇인가?)라고 묻는다. Hacking, *The Social Construction of What?*, p.5 참조. 의미의 문제와 의미작용의 문제가 같지 않다는 논의는 Denis C. Phillips, *Philosophy, Science, and Social Inquiry*, Oxford: Pergamon Press, 1987, p.109에서 찾아볼 수 있다.

(eventful) 혹은 치명적(fateful)이라고 부른다.[24] 물론 이 용어는 많은 유형의 사회적 만남에 적용되지만, 전쟁터에서 적군을 만나는 것처럼 최소한의 언어적 구성 요소를 가질 수 있는 경우도 있다. 그러나 이 용어는 일상적이고 상대적으로 덜 중요한 단어들이 오고 가는 대화와 대화 참여자들이 매우 중요한 주제를 토론하거나 토론의 결과를 미리 쉽게 예상할 수 없는 대화들을 구별하기 위해서도 사용될 수 있다. 사회적 만남에서 주장할 수 있는 정체성의 관점에서, 중대함은 기회와 위기의 분배를 변화시킨다. 특히, 중대한 상황만이 대화 참여자들에게 **나타나는 성격**의 표현적 가능성(용기, 진실성, 스포츠맨 정신)을 준다. 이것은 중요한 기회인데, 왜냐하면 중대한 만남은 상대적으로 드물기 때문이고, 만일 이 기회를 놓치지 않으면 대화 참여자들은 오래 지속되는 방식으로 자신들의 평판을 강화할 수 있는데, 강한 성격 주장은 다른 참여자들에 의해서가 아니라 또 다른 문제가 있는 사건들이 발생해야만 이의를 제기받을 수 있기 때문이다.[25]

대화(그리고 다른 사회적 만남)가 같은 참여자들끼리 혹은 겹치는 참여자들끼리만 반복되면, 오래 지속되는 사회적 존재(사람들 사이의 네트워크)가 나타나는 경향이 있다. 배치의 관점에서, 사람들 사이의 네트워크는 아마도 네트워크 이론에서 항상 외재성의 관계만을 강조한다는 점에서 가장 다루기 쉬운 사회적 존재일 것이다. 즉, 연구 주제를 형성하는 것은 네트워크에서 위치를 차지하고 있는 사람들의 속성들이 아니라 **반복되는 연결 고리의 패턴**이나 그러한 연결 고리의 속성들이다. 이러한 속성들(성이나 인종)은 인간의 상호작용을 연구할 때 매우 중요하지만 네트워

---

24) Goffman, *Interaction Ritual*, pp.162~164.
25) *Ibid.*, pp.218~219.

크의 창발적 속성들 가운데 일부는 속성들에 변화가 생겨도 동일성을 유지하는 경향이 있다. 그렇기 때문에 연결 고리의 속성은 연계된 사람들의 속성으로부터 추론될 수 없다. 연결 고리의 속성들은 힘, 즉 특정한 지위를 차지하고 있는 사람들 사이에 발생하는 상호작용의 빈도는 물론이고 관계의 감정적 내용도 포함하고 있다. 예를 들면, 속성들의 **존재 혹은 부재**, 즉 주어진 네트워크 안에서 하나의 네트워크를 다른 네트워크와 혹은 하나의 파벌을 다른 파벌과 분리해 주는 경계의 존재를 나타내는 부재들이다. 그리고 속성들의 **상호관계**, 즉 연결 고리에 의해 수반되는 의무의 대칭혹은 비대칭 등이다.[26)]

게다가, 전체 네트워크는 고유한 속성을 가지고 있는데, 가장 중요한 것 가운데 하나가 간접적 연결 고리들 사이의 연결 강도의 척도인 **밀도**이다.[27)] 대략적으로 말해서, 내 친구의 친구들(즉, 나의 간접적 연결 고리들)이 당신 친구의 친구들을 알고 있고 그 사람들이 특정 공동체 내에서 다른 사람들의 친구들을 알고 있다면, 네트워크의 밀도는 아주 높은 것이다. 필자가 앞 장에서 주장했듯이, 고밀도 네트워크에서 지역의 규범을 위반했다는 정보는 공동체의 모든 구성원들에게 알려지게 된다. 그렇다는 것은 네트워크 자체가 지역의 신망을 확보할 능력과 왕따를 시키거나 벌칙을 부여해서 잠재적인 사기꾼들을 억제할 능력도 있다는 뜻이다. 또 하나의 중요한 속성은 **안정성**인데, 이 속성은 관련된 사람들의 태도를 통해서 또는 네트워크에서 지위와 관련된 태도들 사이의 체계적인 상호의존성을 통해서 연구될 수 있다. 첫 번째 경우에, 내 친구의 친구들이 사실상 나의

---

26) John Scott, *Social Network Analysis*, London: Sage Publications, 2000, p.11, p.31, p.75.
27) *Ibid.*, pp.70~73.

적인 상황처럼, 네트워크 내의 다른 구성원들에 대한 사람들의 태도가 심리적 긴장을 유발하지 않으면 네트워크는 안정된다. 두 번째 경우에서 중요한 것은 네트워크 안의 지위의 속성이 주변에 있는 속성처럼(중간에 있는 연결고리의 숫자로 정의되는 것처럼) 지위를 차지하고 있는 사람들에게 어떻게 영향을 미쳐서 제삼자에 대해서 유사한 태도를 취할 수 있게 하는가이다.[28] 밀도와 안정성은 공동체에 높은 **결속력**을 부여해 줄 수 있다. 이 역시 동일한 정도의 결속력이 개인적 이유와 동기의 다양한 조합과 양립할 수 있는 한에서 창발적 속성이다. 어떤 구성원들은 공동체의 일에 참여해서 생기는 일체감으로 동기를 부여받을 수도 있고 어떤 사람들은 이타심 때문에 그리고 어떤 사람들은 상호관계를 엄밀하게 따져 본 다음에 동기를 부여받을 수 있다.

이러한 배치들에서 물질적 역할을 수행하는 구성 요소들은 관련된 사람들의 몸은 물론이고 관계를 유지하는 데 사용해야 하는 시간과 에너지를 포함한다. 이 두 가지 자원은 항상 공급이 부족해서 한 사람이 가질 수 있는 친구나 접촉의 숫자를 제한한다. 관계의 유지는 단순히 빈번한 대화를 갖는다는 것 이상을 의미한다. 이 역시 다른 사람의 아이를 돌봐 주는 것 같은 육체적 도움을 주고 어려운 상황에 대해서 조언을 해주는 식으로 정서적 지원을 교환하는 것도 포함한다. 이런 일이 발생할 때, 많은 공동체에서 관계를 유지하는 데 필요한 일을 불균등하게 수행하는 경향이 있는 여인들에게 노동의 분배가 이루어진다.[29] 표현적 역할을 하는 구성

---

28) *Ibid.*, pp.12.

29) *Ibid.*, p.79. Graham Crow, *Social Solidarities*, Buckingham: Open University Press, 2002, pp.52~53도 참조.

요소들은 연대와 신뢰라는 아주 다양한 비언어적 표시들을 포함한다. 함께 저녁을 먹거나(매일이든 특별한 공휴일이든) 교회(그리고 다른 공동 의식들)에 가는 식으로 일상적인 행위들은 결속력을 표현하고 관계 유지를 위한 일을 수행하게 해준다.[30] 노동자 공동체에서 파업 기간 동안에 발생할 수 있는 어려움을 함께하거나 아니면 공동체를 위해서 발휘되는 자발적인 희생과 같은 행위들은 모두 신뢰를 표현하고 구축하는 것이다. 중요한 점은 연대가 표현될 때 행동이 말보다 더 울림이 크다는 것이다. 표현적 구성 요소들도 정체성의 표식으로 사용될 수 있는 항목들을 포함하고 있다. 예를 들면, 특정한 공동체에서 특유의 사투리를 사용하는 행위는 그런 말을 쓰는 사람이 그 공동체에 속해 있고 말로 소통되는 어떠한 언어 정보와도 공존하는 구성원의 자부심이 드러난다는 사실을 표현해 준다.[31]

사람들 사이의 네트워크는 영토화와 탈영토화의 주요한 근원인 다양한 구심력과 원심력에 종속된다. 구심력들 사이에서, 가장 중요한 것은 다른 공동체들 사이에 **충돌**이 존재한다는 것이다. 충돌은 '우리'와 '그들'사이의 차이를 과장하면서 생긴 결과이다. 즉, 충돌은 내부자와 외부자 사이의 경계를 날카롭게 한다. 높은 밀도 자체가 네트워크를 집행 메커니즘으로 바꾸면, 충돌이 생겨서 공동체의 경계를 단속하는 데 전념하는 활동이 증가하게 되고 이웃이나 작은 마을의 물리적 경계는 물론이고 공동체가 구성원의 행동을 규제하고 내적인 동질성을 증진시키는 정도도 증가하게 된다. 다시 말하면 충돌로 인해 공동체의 정체성이 선명해진다. 그렇기 때

---

30) Crow, *Social Solidarities*, pp.119~120.

31) 정체성 표식으로서의 지역 사투리에 대해서는 William Labov, "The Social Setting of Linguistic Change", *Sociolinguistic Patterns*, Philadelphia, PN: University of Pennsylvania Press, 1972, p.271 참조.

문에 연대를 항상 바람직한 속성으로 볼 수도 없다. 왜냐하면 충돌이 생기면 사회적 배제가 실행되고 구성원의 자율권을 제약하여 구성원들의 범위를 매우 다르게 축소하기 때문이다.[32] 원심력의 사례에는 사회 이동과 세속화와 같이 네트워크의 밀도를 감소시키는 과정들이 있다. 사회 이동은 사람들 사이의 상호의존성을 약화시키고 지역적 태도를 줄이고 국제적 태도를 늘려서 차이를 더 많이 받아들이도록 함으로써 연결 고리들을 약화시킨다. 세속화는 교회 다니기와 같이 전통적 결속력을 유지하는 데 중요한 의례를 없애는 것이다. 교통과 통신 기술은 공존을 감소시키거나 없애는 탈영토화의 또 다른 근원이다(즉, 그런 기술 덕분에 분산된 인적 네트워크들이 만들어진다). 지리적 분산은 접속이 더 광범위해지고 더 느슨해지면서 연대를 표현하는 기존의 의례들이 통하지 않을 수 있다는 점에서 공동체의 구성원들이 연결 고리를 유지하는 데 훨씬 더 적극적이어야한다.[33]

언어적 구성 요소들은 이러한 배치에서 다양한 역할을 한다. 중요한 사례로는 둘 혹은 그 이상의 공동체('우리'와 '그들' 사이의 내러티브) 사이에서 발생하는 충돌로 야기되는 **공유된 이야기들과 범주들** 그리고 그들 안에서 사용되는 가장 전형적인 민족적 혹은 인종적 범주들이다. 역사사회학자 찰스 틸리가 주장했듯이, 이러한 이야기들은 통일된 시공간적 무대에 집중하고 분명한 동기와 고정된 속성을 지닌 행위자들에 집중한다. 그래서 특정한 대립 상황의 현실적이고 인과적 구조, 특히 오랫동안 지속되었던 구조를 실제로는 포함하지 않는다. 이러한 내러티브들은 의도된 행

---

32) Crow, *Social Solidarities*, pp.128~129.
33) *Ibid.*, pp.86~88.

위의 집단적이고 비의도적 결과와 연관된 것, 그리고 물리적 환경에 의해서 전달되는 사회적 효과는 물론이고 너무 느리게 진행돼서 직접적 경험으로는 감지되지 않는 근거들의 축적이나 집중 과정을 생략하는 경향이 있다.[34] 이러한 이야기들이 배치에서 하는 역할은 사실들을 재현하는 것이 아니라 충돌하는 당사자들의 정체성을 견고하게 함으로써, 내러티브는 **집단 경계 구성** 과정의 일부가 된다. 예를 들어, 민족 공동체의 경우, 정체성을 강화하는 이야기와 범주는 주로 경계에서 발생한다. 틸리가 주장하듯이 "다른 이슬람교도들이 당신이 이슬람교도임을 부정해도 사실상 이슬람교도가 될 수 있고, 틀림없이 유대교도의 경계에 있더라도 이슬람의 범주로 계속 분류된다".[35] 배치 이론의 용어로 말하자면, 충돌의 이야기들(그리고 이야기와 연관된 내부자와 외부자에 관한 범주)은 코드로 작용해서 사람들 사이의 네트워크에서 영토화의 효과를 강화한다.

공동체들 사이의 충돌에 관해서 말하자면 모든 배치들처럼 사람들 사이의 네트워크들이 집단으로 존재한다. 이런 집단의 구성원들 사이의 상호작용이 공동체 사이의 정치적 동맹과 연합을 형성시킴으로써 동맹은 사회적 영역에서 외재성의 관계의 전형적인 사례가 된다.[36] 어떤 경우에, 동맹은 **사회적 정의 운동**과 같은 더 큰 규모의 존재로 나타난다. 틸리의 관점에서 사회 운동은 최소한 두 개의 집단적 행위자들로 구성되는데 각각은 충돌에 의해 선명해진 잘 규정된 경계를 지닌 하나 혹은 몇 개의 동맹

---

34) Charles Tilly, *Stories, Identities, and Political Change*, Lanham, MD: Rowman & Littlefield, 2002, pp. 28~29.

35) Charles Tilly, *Durable Inequality*, Berkeley, CA: University of California Press, 1999, p. 66.

36) Gilles Deleuze and Félix Guattari, *Anti-Oedipus*, Minneapolis, MN: University of Minnesota Press, 1983, p. 147, p. 155.

공동체들로 이루어진다. 이러한 공동체들 가운데 하나(혹은 공동체의 연합)가 잘못을 바로잡거나 부당하게 빼앗긴 권리를 되찾으려고 시도해야 한다. 또 다른 공동체는 첫 번째 공동체의 주장에 대항하는데, 즉 첫 번째 공동체의 성공 때문에 위협받을 수 있는 이익을 옹호한다. 다시 말하면, 하나의 운동은 전형적으로 반대운동의 원인이 되고, 이 모두는 전반적인 배치의 구성 부분으로 간주되어야 한다. 게다가, 배치는 법 집행과 군사적 자원에 대한 통제권으로 명시되는 적어도 하나의 정부 조직을 포함해야만 한다. 권리를 침해당한 공동체의 목표는 정부 조직 측에 유효한 대화 상대자로 인정받는 것, 즉 합법적으로 집단적 주장을 할 수 있는 상대자로 대우받는 것이고 이러한 목표는 반대운동에서 나오는 강력한 저항을 무릅쓰고 달성되어야만 한다. 틸리는 다음과 같이 주장한다.

> 요구하기는 정부가——더 일반적으로는 집중된 강제적 수단을 통제하는 개인이나 조직——요구에 대해서 청구인 자격으로 당사자가 되거나 요구의 대상이 되거나 이해 당사자가 되면 정치적인 것이 된다. 두 민족 분파의 지도자들이 민족적 범주에서 유효한 대화 상대자로 인정받기 위해서 경쟁할 때, 대화 상대자들과 대화하는 정부는 불가피하게 이해 당사자의 역할을 한다. 분쟁은 어디서든 발생하지만 분쟁의 정치학에서는 최소한 제삼자로 정부를 포함시킨다.[37]

---

37) Tilly, *Stories, Identities, and Political Change*, p.12. 틸리는 본질에 대한 두려움 때문에 다소 희석된 실재론을 신봉하게 되었지만 오늘날 사회 이론에서 가장 일관성 있게 실재론을 옹호하고 있다. 그는 스스로 '관계적 실재론자'로 주장한다. 즉, 마지못해 생리적 욕구를 가진 인간의 실존을 인정하지만 관계 안으로 들어간 존재들의 실존이 아니라 정신-독립적 실재의 실존을 신봉하는 사람이다. 그의 설명에 따르면, 존재를 지탱하려면 본질을 전제해야 하고 그렇게 되면 개입할 가치가 적어진다. 그가 주장하듯이, 사회적 설명은 본질의 관점

틸리는 1750년과 1850년 사이에 영국에서 정치적 요구들이 만들어 졌던 수단들이 어떻게 극적인 변환을 겪었는지 논의한다. 요구하기는 기계 부수기, 세금 징수원에 대한 물리적 공격 그리고 직접적 행동의 여러 행태들에서, "대중 집회, 데모, 행진, 청원, 유인물, 대중매체를 통한 발언, 식별 기호를 게시하거나 휴대하기, 특정 선전 문구의 고의적 채택"[38] 등을 포함해서 오늘날 벌어지는 운동의 특징인 매우 다양한 표현적 표시들로 이동했다. 새로운 "분쟁의 레퍼토리"는 배치에서 중요한 표현적 역할을 한다. 산업혁명과 그 이후 동안에, 권리를 침해받은 공동체(혹은 공동체의 연합)는 자신이 존중받을 만하고 단결되어 있으며 수적으로도 우세하고 동맹을 맺고 있음을, 요컨대 경쟁자와 정부가 볼 때 합법적이고 집단적인 요구자들이었다고 표현해야만 했다.[39] 물론, 이러한 속성들의 소유가 언어적으로 표현될 수도 있다. 예를 들어서, 수적으로 많다는 것은 지지하는 구성원들의 숫자에 관한 진술을 발표함으로써 표현될 수 있지만 마을의 특정 장소에 대규모로 군중들이 모이면 더 확실하게 표현될 것이다. 존경할 만하다는 것은 언어적 형태로 표현될 수 있지만 대규모 군중이 평화롭고 질서정연하게 데모를 펼치면 더 극적으로 표현될 것이다. 동맹의 단결성에

아니면 연대의 관점에서 이루어질 수 있다. Tilly, *Durable Inequality*, p. 45 참조.
하지만, 우선, 존재가 존재를 산출했던 역사적 과정에 의해서 설명될 수 있다면 존재에 대해 개입한다고 해서 본질을 포함시킬 필요는 없다. 둘째, 사회적 상호작용이 정말로 관계적이라고 해도, 사회적 행위자들에 의해서 발휘되는 능력들이 속성을 정의하는 행위자들로 환원되지 않는다는 점에서 능력은 지속적인 속성들의 실존과 지속적인 존재들의 실존에 달려 있다. 마지막으로, 존재보다 관계를 강조하는 것은 위험스럽게도 내재성의 관계에 개입하는 쪽으로 가까워진다. 즉, 부분들이 전체를 낳는 바로 그 관계들에 의해서 구성된 전체에 가까워지는 것이다.

38) *Ibid.*, p. 90.
39) *Ibid.*, p. 54.

대해서 언어적으로 진술하기는 쉽지만, 같은 이유로, 단결성은 단합된 행동과 상호지원을 통해서 더 강력하게 표현될 것이다.

18세기와 19세기에 발생한 분쟁 레퍼토리의 변화는 구성 요소들이 물질적 역할에서 표현적 역할로 바뀌었다는 뜻이다. 하지만 또 다른 형태의 물질적 구성 요소들이 있다. 존중받을 만함, 수적 우세, 참여와 통합을 동시에 표출한다는 것은 쉬운 과업이 아니라는 점에서 ─예를 들어, 구성원의 숫자가 많아지면 통일된 전선을 제시하기가 훨씬 어려워진다─, 운동을 함께 유지하기 위해서는 조직자들이 더 많은 에너지를 투여해야 한다. 틸리가 주장하듯, "조직자들의 현실적 일은 반복적으로 잠정적인 연합을 만들어 내고 참여자들이 가져오는 다양한 의제들이 집단행동을 통해서 공적인 목소리를 찾을 수 있도록 협상하고 위험한 전술을 금지하며 무엇보다도 대중의 눈으로부터 막후 투쟁을 은폐하는 것이다".[40] 게다가, 정부 조직은 항상 이러한 배치들의 일부라는 사실을 고려하면, 물질적 역할을 수행하는 구성 요소들의 목록에는 무기, 폭동 진압 장비 그리고 경찰과 군대를 통한 데모자들의 육체적 통제가 포함되어야 한다. 다양하고 집중적인 강제 수단은 이를 사용하는 정부 조직의 자발성과 능력이 상황에 따라 다르고 이러한 차이는 경쟁 공동체들에게 다양한 기회와 위험을 주기 때문에 중요한 구성 요소이다. 전쟁이 발발해서 정부는 공동체의 구성원들을 모병할 필요가 생길 수도 있고 반대로 전쟁이 끝나서 전시 동안에 예외적인 정부의 통제권이 완화되어 지연되었던 요구들이 터져 나올 수도 있다. 전쟁에서는 이기거나 질 수도 있어서, 그에 따라 정부 조직의 협상력과 집단적 행위자의 요구가 성공적으로 받아들여질 기회 등도 증

---

40) *Ibid.*, p.89.

가하거나 감소한다.[41]

영토화의 문제는 분쟁의 레퍼토리에서 발생하는 변화에 직접적으로 연결된다. 불만에 대한 직접적 표현이 지배적일 때, 특정한 운동의 목표는 훨씬 지엽적이고 단기적이다. 새로운 레퍼토리로의 전환은 훨씬 전략적이고 장기 목적으로의 이동을 수반했고, 이것은 이익을 강고하게 하고 자원을 집중하는 지속 가능한 조직의 설립을 의미했다. 다시 말하면, 새로운 표현적 레퍼토리로의 전환이 이루어지면서, 공인된 단체에서부터 노동조합과 여타의 노동자 조직들이 유일한 사례인 **전문화된 협회**에 이르기까지 이러한 요구들을 지지하는 집단적 존재의 유형에도 동시에 변화가 생겼다.[42] 이러한 조직들은 운동의 정체성을 안정화시키는 데 결정적인 역할을 했다. 하지만 이러한 정체성을 변화시키거나 불안정하게 만들 수 있는 여러 과정들도 있어서 참여자들이 새로운 전략을 꾸며 내고 심지어 투쟁을 재정립하도록 만든다. 그런 것들에는 틸리가 **저항 단체**라고 지칭한 것도 있다. 이것들은 서로 동력(적극적 피드백)을 자극한다.

[집단적 행위자의] 요구가 성공하면 다른 행위자들의 요구를 새롭게 자극하는 경향이 있다. 이런 일이 발생하는 이유는 어떤 행위자들은 이전에는 보지 못했던 기회를 인식하게 되고, 또 어떤 행위자들은 새롭게 고안된 행동 수단을 모방하고, 또 어떤 행위자들은 여전히 새롭게 나타난 행위자들에게 위협을 받는다고 생각하기 때문이다. 요구가 확장되는 것은 … 경쟁자들이 각자 자리를 잡고, 입지를 강고하게 하고 에너지를 고

---

41) *Ibid.*, pp. 106~107.
42) *Ibid.*, pp. 52~53.

갈시켜 서로를 파괴하거나 아니면 서로의 요구가 이해관계를 위협하면서 초래된 억압에 굴복하는 지점까지이다. … 이러한 집단에 대해서 말하자면, 초기 단계에서는 집단행동에 개혁이 증가하고 새로운 집단적 실험을 위해 상대적으로 열린 공간들을 만들어서 과거와 전면적으로 단절될 것이라는 인상을 준다. 후기 단계에 접어들면, 좀 더 온건한 요구자들이 공적 무대에서 물러나고 좀 더 급진적이고 극단적인 활동가들이 점점 고립되어 힘을 잃게 된다. 이런 종류의 거대 집단 각각은 정치 제도에 (새로운 집단이 형성되고, 시민들과 공직자들 사이에 관계가 변화하며, 공론이 부활하고, 새로운 형태의 집단행동이 발생하는 식으로) 각자의 흔적을 남긴다.[43]

마지막으로 남은 문제는 이러한 배치에서 언어적 구성 요소의 효과에 관한 것이다. 틸리는 **사회적 범주들**을 지시하는 일반명사에 의해서 수행되는 결정적인 역할에 대해서 논의한다. 분쟁이 발생하기 이전에 특정한 사회 집단은 이미 정부 조직에 의해 종교적·민족적·인종적 혹은 여타의 범주로 분류될 수 있다는 점에서, 사회 운동의 목적 가운데 하나는 이러한 분류를 바꾸는 것이다. 그러나 이러한 변화가 특정 운동의 구성원들에게 중요한 이유는 범주들이 직접적으로 인식(사회 구성주의자들이 가지고 있을 수 있는)을 형성하기 때문이 아니라 정부 조직이 특정한 분류에 부과하는 **불평등한 법적 권리와 의무**는 물론이고 배제와 분리를 실행하면서 사람들을 등급별로 분류할 기회를 축적하기 때문이다.[44] 그러므로 특

---

43) *Ibid.*, pp. 105~106.
44) Tilly, *Stories, Identities, and Political Change*, pp. 102~103.

정 범주를 바꾸려는 활동가들은 마치 단어의 의미론적 내용을 바꾸면 자동적으로 특정한 사회 집단이 직면한 기회와 위기를 통해서 실질적으로 바뀌는 것처럼 의미를 놓고 협상을 벌이지 않고 자원들(수입, 교육, 건강 서비스)에 대한 접근과 제약의 완화를 놓고 협상을 벌인다. 요컨대 범주에 대한 투쟁은 언어적 의미작용보다 법적·경제적 의미에 관한 것이다.

이것이 사회 정의 운동을 배치의 관점에서 분석한 결론이다. 하지만 연계된 공동체들의 연합으로도 이루어지는 여타의 거대한 사회적 존재들이 있고 이것들의 정체성 역시 다른 집단들과의 분쟁뿐만 아니라 정부 조직과의 관계를 통해서 **사회적 계급**으로 형성된다. 계급에 대해서 말한다는 것은 특정한 국가에 존재하는 네트워크의 집단이 다양한 자원에 각기 다르게 접근하고 다양한 제약에 불공평하게 노출된다는 것을 말하는 것이다. 즉, 사회적 계급이 존재한다는 것은 네트워크를 구성하는 사람들이 각기 다른 기회와 위험 요인을 가지고 태어나는 것과 같은 방식으로, 네트워크 집단에서도 사람들을 등급으로 분류하는 과정이 발생한다는 것을 전제한다. 하지만 등급에 따라 네트워크가 분배된다고 해서 그러한 등급이 한 '사회' 안에서 상층 계급, 중간 계급 그리고 하위 계급으로 깔끔하게 나누어지듯이 그렇게 단순하지는 않다. 틸리가 주장하듯이, 이런 생각은 집단 사이의 불평등 관계의 복잡성을 부정확하게 말한 것이다.[45] 자원을 특정한 계층에 따라 분배할 때 네트워크의 위치가 네트워크를 구성하는 사람들의 공유된 이익을 창출하게 되면, 조직들은 많은 경우에 집단적 관심

---

45) "지역 공동체보다 더 큰 어떠한 일반적 집단도 계층화 제도를 일관성 있게 유지하지는 못한다. 심지어 인도의 카스트 제도도 마을마다 위계질서가 엄청나게 다양하다. 대체로 위계질서는 일관성이 없고 명백한 계층에도 상당한 이질성이 포함된다. 그리고 이동성 때문에 구분선이 흐려진다." (*Ibid.,* pp.28~29)

을 공통 이익으로 초점을 맞추고 이익을 일관되게 표출하며 더 나아가 이 익을 추구하면서 정부로부터 새로운 권리를 끌어내기 위해서 집단행동의 도구 역할을 할 필요가 생긴다. 이러한 조직들 또한, 존재하는 동안 배치 의 일부로 간주되어야만 한다.

　　이러한 자원 분배를 가장 경험적으로 연구했던 현대 사회학자는 피 에르 부르디외(Pierre Bourdieu)이다. 부르디외의 관점에 따르면, 자원 에 대한 비대칭적인 접근과 지배의 정도가 계층적 집단으로 분류되는 사 람들의 집단을 구별 짓는 힘으로 작용한다. 과거의 사회 계급론과는 다르 게, 부르디외는 자신의 분석을 경제적 자원에 국한시키지 않고 계급을 오 로지 수입 분배의 관점이나 생산 수단의 지배라는 관점으로만 바라보지 않았다. 그는 금융 자원과 산업 자원에 일반교육이나 특수한 기술적 지식 의 소유는 물론이고 학위, 자격증 그리고 이러한 지식으로부터 합법적으 로 이익을 내는 데 필요한 자격과 같은 문화 자원을 추가한다. 이런 식의 구별 짓기는 거칠게 말해서 배치 이론에서 말하는 물질적 자원과 표현적 자원 사이의 어느 하나에 해당된다. 게다가, 부르디외는 이러한 분배 내의 위치들 사이에서 발생하는 관계들을 강조한다. 이러한 관계들의 사례는 **상위**(above), **하위**(below) 그리고 **사이**(between), 즉 계층화된 집단들 사이에 존재하는 관계들이다. 여기에는 **근접성**, 즉 공간적 근접성이 아니라 지리적으로 정착된 곳에서는 어디서나 발생하는 경제적·문화적 자원에 대한 유사한 지배권을 가지고 있는 두 집단 사이에 존재하는 관계적 근접 성을 포함한다. 부르디외는 이것들과 여타의 관계들을 외재성의 관계들 로 보고 있다.[46]

---

46) "차이, 혹은 격차라는 관념은 공간, 즉 서로의 외부에 존재하며 위, 아래 혹은 사이와 같은 서

부르디외에 따르면, 반드시 설명되어야 할 중요한 경험적 결론은 한편으로는 자원 분배의 위치 그리고 다른 한편으로는 다소 일관성 있는 삶의 방식(물질적·표현적 구성 요소를 포함하는 용어) 사이의 통계적 연관성이다. 즉 특정 집단이 소유하거나 구매하는 재화나 용역, 특정 집단이 드러내는 태도나 자세, 특정 집단이 취하는 정치적·문화적 입장, 역사적으로 다양하게 분화된 영역(예를 들면, 경제학, 정치학, 종교, 예술) 내에서 특정 집단이 개입하는 경향이 있는 활동 등이다. 다시 말하면, 자원에 대한 차별적인 통제에 의해 규정되는 공간과 다양한 활동 영역, 위치 잡기, 스타일 사이에 상세한 지도가 설명되어야 한다. 통계적 연관성을 관찰한 후에 부르디외는 이렇게 설명한다. 객관적인 기회와 위험의 차이가 영구적인 **성향**, 즉 특정한 방식으로 행동하고 특정한 열망을 드러내는 경향성으로 발전하는 집단의 일상적 실천을 결정한다. 습관과 기술 둘 다 배치 이론에서 주체성의 구성 요소가 성향이라는 점을 고려하면, 부르디외의 생각은 대부분 존재론적으로 배치 이론과 양립 가능한 것으로 볼 수 있다. 하지만 성향의 집합을 **아비투스**(habitus)라고 지칭하여 특이하게 개념화하면서 중요한 불일치가 발생한다. 부르디외는 사회적 행위의 이면에서 작동하는 동기들 사이의 모든 차이(예를 들면, 원인, 이유 그리고 동기 사이의 차이)가 사라질 정도까지 아비투스 개념에 고도의 자동 작용(automatism)을 부여한다. 부르디외는 이렇게 말한다.

열의 관계를 통해서는 물론이고 상호 외재성과 근접, 부근 혹은 거리의 관계를 통해서 서로의 관계가 정의되는 분명하게 공존하는 위치들이란 개념에 기초하고 있다. 예를 들어서, 프티 부르주아들의 어떤 속성은 그들이 극단적인 두 위치 사이에 다른 위치와 객관적으로 식별할 수 없거나 주관적으로 식별될 수 없는 중간적인 위치를 차지하고 있다는 사실에서 추론될 수 있다."(Pierre Bourdieu, *Practical Reason*, Stanford, CA: Stanford University Press, 1998, p.6. 강조는 원저자)

만일 과학적으로 구성된 객관적 확률(특정한 이익에 접근할 가능성)과 행위자의 주관적 열망('동기'와 '욕구') 사이에 아주 밀접한 연관성이 규칙적으로 관찰된다면, 이것은 마치 도박사가 자기가 이길 수 있는 가능성에 대해서 완벽한 정보를 바탕으로 판돈을 거는 것처럼, 행위자가 의식적으로 자신의 열망을 성공 가능성에 대한 정확한 평가에 맞추기 때문이 아니다. 실제로, 객관적 조건(어떤 집단이나 계급에 객관적으로 부여된 확률처럼 통계학적 규칙성을 통해서 과학이 이해하는 조건)에 새겨진 가능성과 불가능성, 자유와 필연, 기회와 금지에 의해서 영속적으로 주입된 성향은 이러한 조건과 객관적으로 양립할 수 있고, 어떤 의미에서 객관적 조건의 요구에 미리 순응된 성향을 만들어 낸다. 그러므로 일어날 가능성이 없는 실천일수록 생각할 수도 없는 것처럼, 행위자가 당연히 해야 할 일을 하는, 즉 어떤 식으로든 할 수 없는 일을 거부하고 피할 수 없는 일을 하도록 하는 일종의 **질서에 대한 즉각적인 복종**을 통해서 배제된다.[47]

부르디외는 사람들이 때때로 의도적인 결정을 하거나 수단을 목적에 맞추는 데 의식적으로 관여할 수도 있다는 점을 부정하지 않는다. 아비투스의 자동 작용에 대해서 예외를 두고 있지 않지만, 이러한 예외가 언제 어디서 허용되는지를 결정하는 것은 바로 아비투스이다. 그래서 아비투스는 특수한 생산 조건에 내재하는 모든 사상, 인식 그리고 행위의 자유로

---

47) Pierre Bourdieu, *The Logic of Practice*, Cambridge: Polity Press, 1990, p.54. 강조는 인용자.

운 생산을 가능하게 하는 주요한 과정이 된다.[48] 이런 점과 관련해서 부르디외를 따를 필요는 없다. 특정한 계급의 구성원들이 동일한 아비투스를 드러내는 경향이 있다는 부르디외의 경험적 관찰은 주요한 과정을 끌어들이지 않고도 설명될 수 있다. 예를 들면, 태어나면서 우리가 속한 계급은 새로운 세대에 규칙적으로 전달되는 고유한 습관을 가지고 있고, 독특한 기술을 발전시키는 특별한 훈련과 직접적인 방식으로 전수되고 보존될 수 있는 특권에 접근할 수 있다는 데 동의할 수 있다. 이것은 '질서에 대한 즉각적인 복종'이란 개념을 상정하지 않더라도 습관과 기술이라는 결정적인 방향의 상대적인 동질성을 설명해 준다. 사실 배치 이론에서 복종과 순응은 당연한 것으로 여겨질 수 없고 항상 특수한 강제 메커니즘의 관점에서 설명되어야만 한다. 특정한 공동체를 구성하고 있는 네트워크의 밀도는 다음 장에서 논의될 근대적 조직이라는 훨씬 분석적인 실행 관습과 같은 메커니즘이 될 수 있다.

아비투스의 중요한 이론적 기능, 적절한 생활양식 공간에 자원 분배 공간의 위치를 지도로 나타내는 기능이 수정되어야 한다. 부르디외는 이러한 위치 공간을 '경제 자본'과 '문화 자본'으로 불리는 두 가지 차원으로 정의되는 추상적인 사회적 공간으로 생각한다. 하지만 자원 분배는 절대로 추상적 공간에 존재하는 것이 아니라 인적 네트워크와 조직들처럼 항상 구체적·사회적 존재와 긴밀하게 연관되어 있다. 많은 자원들(예를 들면, 연대나 합법성)은 이러한 존재들의 창발적 속성들일 뿐만 아니라 다양

---

48) *Ibid.,* p.55. 배치 이론의 입장에 따라서, 아비투스 개념을 좀 더 관대하게 읽어 보면 개별적인 사람들을 구성하는 습관과 일과의 위상학적 다이어그램으로, 즉 습관과 기술의 각기 다른 조합에 대한 가능성의 공간의 구조로 볼 수 있다.

한 출처(석유나 석탄 같은 천연자원, 기계와 제품 원재료와 같은 기술적 자원, 학위나 면허 같은 문화 자원)에서 나온 자원들은 조직에 의해 통제되거나 아니면 조직에 의해 만들어진다. 사실, 경제 자본과 문화 자본에 차별적 접근을 유지하는 서열 혹은 분류 과정은 사람들 사이가 아니라 제도적 조직 사이에 존재하는 **자원 의존 관계**이다.

왜 부르디외 같은 저명한 이론가가 아비투스처럼 중요한 과정으로 보기 어려운 존재에 집중했는지 의아해할 수도 있다. 어떤 세계관에서 이러한 방법이 이해될 수 있을까? 답을 찾기란 어렵지 않다. 부르디외는 경험의 언어성을 믿는다. 그래서 그는 반드시 설명되어야 할 것은 언어적 범주를 통한 주관적 경험의 구성이라고 믿는다.[49] 아비투스라는 개념은 지각과 행동에 대한 분류 체계로 꽤 잘 작동할 수 있다. 이처럼 중요한 저자가 신-칸트주의적 접근 방식에 의해서 길을 잃을 수 있다는 것은 다양한 경험 이론(필자가 이 장을 시작하면서 사용했던 흄의 모델과 같은)뿐만 아니라 찰스 틸리에 의해 발전된 것과 같은 그러한 사회적 과정에서 언어적 범주의 역할에 대한 각기 다른 개념의 필요성을 강조하는 것이다.

필자가 전에도 말했듯이, 이야기와 범주는 틸리의 관점에서 경계를 규정하는 역할을 하지만 현상학적으로 경험되는 경계가 아니라 실재하는 집단 경계들이다. 틸리는 범주에 대한 언어적 수준이 아니라 특정 집단 내에서 분류 관행의 결과에, 즉 구체적으로 경계가 있는 집단을 산출하는 포

---

49) "사회적 세계를 고려하면, 언어 그리고 좀 더 일반적으로는 표상에 실재의 구성에 대해서 명확하게 상징적 효과를 부여하는 신-칸트 이론이 완벽하게 정당화된다. 사회적 행위자들이 사회적 세계에 대해서 가지고 있는 지각을 구조화함으로써, 명명 행위는 이 세계의 구조를 정립하는 데 도움을 준다." (Pierre Bourdieu, *Language and Symbolic Power*, Cambridge: Harvard University Press, 1991, p.105)

함과 배제의 관행에 초점을 맞추라고 촉구한다. 다시 말하면, 범주를 둘러싼 투쟁은 각기 다른 권리와 의무를 가진 집단을 나누는 실재하는 경계들, 특정 이웃들에 부과되는 인종 차별에서부터 공동체 전체에 대한 강제 이주나 재분배에 이르기까지 비언어적이고 물리적인 개입을 통해서 집행되어야만 하는 경계들에 관한 것이다. 범주적 경계를 강제하는 것은 조직 내의 공식적 위치에서 특정 범주의 구성원들을 선별적으로 포용하고 강제로 배제하는 미묘하지만 그럼에도 효과적인 다양한 수단들을 수반할 수도 있다. 이에 대한 중요한 사례로는 전통적으로 규정된 범주들을 경제 조직에 의해서 내재적으로 만들어진 범주들과 조화시키는 경우이다. 그러므로 집단 내에 광범위하게 퍼져 있는 민족 집단에 대한 틀에 박힌 믿음이 특정한 상업 조직이나 산업 조직에 의해서 규정된 일자리 범주와 결합되어 어떤 위치에서 일정한 집단의 구성원을 배제하고 강제로 다른 위치에 밀어 넣을 수도 있다.[50] 외재적 범주와 내재적 범주의 이러한 조화는 중요한데, 틸리가 주장하듯이 집단 사이에 발생하는 불평등의 **연속성**은 이러한 범주들이 조직의 역할과 위치에 관한 형식적 구조의 설계에 영향을 미치는 방식보다는 인종주의자, 성차별주의자, 외국인 혐오자 범주들의 문제에서는 중요하지 않을 수도 있기 때문이다.[51]

결론적으로, 우리는 사회 계급을 인적 네트워크와 제도적 조직의 배치로 개념화할 수 있다. 네트워크화된 공동체와 공통 이익이 구체화된 조직들은 물질적 요소와 표현적 요소로 구성되는 변별적인 생활양식을 소유할 뿐만 아니라 어떤 것은 물질적 역할을 하고 또 어떤 것은 표현적 역

---

50) Tilly, *Durable Inequality*, p.76.
51) *Ibid.*, p.36.

할을 하면서 자원에 차별적으로 접근하는 것으로 생각되어야 한다. 배제와 포용이 다양하게 실행됨으로써 주요한 영토화 작업이 수행되고, 언어적 범주들은 그러한 영토화의 결과를 코드화하면서 계급의 정체성을 강고하게 만든다. 하지만 이러한 정체성의 경계는 우발적이고 불안정하다고 봐야 한다. 예를 들어, 사회 이동성은 계급들 사이의 경계를 불명확하게 만드는 탈영토화 과정으로 작용할 수 있고 새로운 자원의 도입에 의한 기술 혁신 때문에 각각의 계급이 몇 개의 분쟁 집단으로 더 미분화될 수도 있다. 그러므로 우리는 계급들이 상대적으로 작고 분화되어 있지 않은 영토 국가들 이외에는 이러한 계급들이 단순한 계급제도를 형성한다는 것에 동의하지 않더라도, 네트워크화된 공동체 집단이 사회 계급으로 분류된다는 것은 인정할 수 있다.

마지막으로, 사회 정의 운동의 경우에, 분쟁 중인 공동체들은 물론이고 공동체들의 요구 사항을 전달하고 로비 활동을 벌여야 하는 정부 조직도 고려해 보아야 한다. 자원 분배에서 특정 지위가 강화되려면 그러한 조직들로부터 권리를 얻어 내야 하기 때문이다. 이렇게 함으로써 정치 조직들, 네트워크의 결합으로 환원할 수 없는 권위 구조를 가진 존재들의 배치를 훌륭하게 설명할 뿐만 아니라 연방 정부처럼 정치 조직을 형성할 수 있는 더 큰 배치들도 설명할 수 있다. 따라서 우리의 존재론적 분석은 비합법적 존재들을 끌어들이지 않고 더 큰 규모에 도달할 때까지 계속되어야만 한다. 이것이 다음 장에서 착수되어야 할 과제이다.

4장 _ 조직과 정부

역사적으로, 제도적 조직들은 여러 다양한 형태를 취해 왔다. 시간적 참조틀을 좁혀 2~3세기 전으로만 초점을 맞춰도, 비교적 분산되어 있는 시장과 장터에서부터 집중되어 있는 군대와 정부의 관료제에 이르기까지, 여전히 매우 다양한 조직 형태들이 있어 왔다. 하지만 이러한 사회적 존재들의 존재론적 상태를 분석하기 위해 처음부터 이런 식의 역사적 다양성에 직면할 필요는 없다. 사회적 행위에서 **권위적 조정**(imperative coordination)과 관련된 조직을 집중적으로 분석한다면 우리의 과제는 매우 간단해진다. 하지만 집단 행위를 조정하는 데 명령(가격에 반대되는 것으로서)을 사용하는 조직의 부분 집합에 초점을 맞추더라도, 여전히 매우 다양한 형태들이 남는다. 우리는 이 모든 조직들이 공유하는 것, 즉 권위 구조에 집중하면 배치 분석을 더 단순화할 수 있다. 그리고 나서, 하나의 계급 조직에서 다른 계급 조직에 이르기까지, 공장의 장비와 무기에서부터 회사의 상표와 군복에 이르기까지 달라지는 구성 요소들에 대한 우려 없이도 표현적 역할, 즉 권위의 **합법성**을 표현하는 구성 요소들을 물질적 역할, 복종의 **강제**와 관련된 요소들에서 분리할 수 있다. 이것들은 나중에 구체적이고 조직적 형태의 배치 분석들이 이루어지면 추가될 수 있다.

조직 이론의 창시자라 할 수 있는 막스 베버는 합법성의 근원에 따라서 권위 구조를 세 가지 유형으로 구분했다. 그의 분류에 따르면 권위적 조정이라는 사회적 행위는 세 가지 극단적 형태(세 가지 '이념형')와 그것들의 혼합으로 정의되는 연속체에서 발생한다. 첫 번째 극단적 형태는 매우 효율적인 관료제를 통해서 나타나는데, 여기에서는 지위와 특정 지위를 차지하고 있는 사람이 완벽하게 분리되었다.[1] 게다가, 현직자들의 권한 영역은 문서화된 규정에 의해 명확하게 밝혀져야만 하고 현직자들은 공식 시험을 통해서 검증된 특화된 기술적 능력을 갖추어야 한다. 마지막으로, 지위 혹은 공직은 지위들 사이의 종속 관계가 합법적인 헌법의 형식으로 분명하게 명시된 계급 구조를 형성해야만 한다. 베버는 이러한 극단적 형태를 '합리적-합법적' 형태라고 지칭하면서 서열의 헌법적 측면과 전문적 측면을 포착했고 복종이 비인칭적 서열 자체에서 나온다는 것, 즉 합법성이란 적법성과 권위를 주장하는 전문적 능력에 달려 있다고 지적했다.[2]

두 번째 극단적 형태는 과거로부터 이어져 내려오면서 신성시되었던 전통적 규칙과 의례를 통해서 권위가 배타적으로 정당화되는 종교 조직이나 군주제를 통해서 살펴볼 수 있다. 심지어 드물게 지나간 선례의 역할이 파기되면서 새로운 입법 행위(혹은 여타의 조직적 변화)가 도입되는 경우에도, 새로운 입법 행위는 앞으로 나타날 기능적 결과에 주목해서가 아

---

1) Weber, *The Theory of Social and Economic Organization*, p.331.
2) *Ibid.*, pp.328~336.

니라 신성한 역사를 재해석함으로써 정당화된다. 앞의 유형과 달리, 지위와 그 지위를 차지하고 있는 사람이 완전하게 분리되지 않고, 지도자나 우두머리는 합법적으로 내릴 수 있는 명령의 내용이 막연해서 상당히 자의적일 수 있는 사적 특권을 누린다. 베버는 이러한 극단적 형태를 자발적 복종이 비인칭적 서열을 따르지 않고 지도자에 의해서 의인화된 신성한 전통을 따른다는 점에서 '전통적' 형태라고 일컫는다.[3] 마지막으로, 베버는 추상적 합법성도 신성한 선례도 합리성의 근원으로 존재하지 않는 권위적 조정의 또 다른 극단적 형태를 지목한다. 사적인 카리스마 때문에 추종자들이 지도자로 대우해 주는 개인은 둘 중 어느 하나를 기반으로 해서 집단적 행동을 일상적으로 통제하지 않는다. 역사적으로, 이러한 역할을 했던 개인들의 유형은 "사람들에게 치유의 능력과 법적인 지혜 때문에 명성을 얻게 된 예언자로부터 사냥의 통솔자와 전쟁 영웅에까지 이른다".[4] 이러한 조직 유형은 지위와 그 지위를 차지하는 사람 사이의 분리가 가장 약해서 '카리스마적' 형태라고 지칭된다.

베버의 분류는 여러 가지 이유에서 유용하다. 무엇보다 오늘날까지도, 특정 조직들의 권위 구조가 극단적 형태와 비슷하면서도 이질적으로 구성되는 경향을 보일 것이다. 그래서 전통적 군주정에서는 하나의 동일한 영토 국가 안에 근대적 관료제 기관들과 카리스마 있는 지도자가 이끄는 다양한 종파 집단들이 함께 공존할 수 있다. 둘째, 그리고 더 중요하게, 많은 조직들에서는 다른 권위 형태들, 즉 극단에 가깝기보다는 연속체의 중간 어디쯤에 존재하는 형태들이 혼합되는 경향이 있다. 베버 자신은 전

---

3) *Ibid.*, p.348.
4) *Ibid.*, p.359.

문 지식을 바탕으로 선출된 직업 관료와 다르게 개인의 카리스마나 전통적 관습을 바탕으로 선출된 선출직 관료가 이끄는 관료 제도처럼, 현대적 조직 방식에 나타나는 그러한 혼합에 대해서 논의한다. 더욱이, 수단을 목적에 성공적으로 조화시킴으로써 합법성을 얻는 관료 기관들 역시 수단을 목적으로 변형시키는 경향이 있다. 즉, 그러한 기관들은 그 자체가 목적으로 간주될 수 있는 규정이나 절차를 형식적이고 의례적으로 엄수하는 경향이 있다.[5]

현대의 영토 국가에서 이러한 세 가지 권위 구조가 공존하지만, 한편으로는 지난 200년 동안 대부분의 근대적 영토 국가에 존재하는 조직 집단들을 통해서 극단적 형태는 아니더라도 적어도 극단적 형태가 지배하는 혼합 형태에 합리적-합법적 형식이 보급되었다. 이 때문에 이러한 배치, 즉 구성 요소들 사이의 외재성의 관계들이 자신의 일부 행동에 대한 통제권을 다른 사람에게 양도하는 **계약적 관계**에 의해서 예시되는 배치가 특히 중요해진다. 더욱이, 조직의 자원이 자리를 차지하고 있는 사람이 아니라 그 자리와 연관되는 것은 유일하게 이 유형의 권위 구조뿐이다. 이러한 엄격한 분리는 조직의 행위를 설명하면서 지도자의 사적인 성격을 설명할 필요가 없거나, 그러한 설명이 인과적으로 잉여가 되는 분명하고 창발적인 속성들을 가진 배치를 초래한다. 지위와 재임자를 완벽하게 분리함으로써, 조직 자체가 목표 지향적 기업처럼 간주될 수도 있다. 사회학자 제임스 콜맨(James Coleman)이 주장하듯이, "외부에서 봤을 때 이러한 존재들은 개인들 못지않은 행위자들로 간주될 수 있다. 그렇지만 내부에

---

5) 베버가 주장하듯이, 가장 합리적인 관료제에서조차도 "합법성에 대한 믿음이 인정을 받게 되어 관습적인 것이 되는데 이것은 부분적으로만 전통적이라는 의미이다".(*Ibid.*, p.382)

서 보면, 그러한 존재들은 권위 구조라는 특징을 가지고 있다고 할 수 있다".[6]

배치로서 위계적 조직은 표현적 역할을 하는 다양한 구성 요소들을 가지고 있다. 이것들 가운데 일부는 권위의 합법성에 대한 믿음처럼 언어적이지만, 그렇지 않은 것들도 많다. 예를 들면, 전통적 유형에는 단순히 과거의 관행에 따라서 적법성이 표현되는 의례(특정한 시공간에서 펼쳐지는 안무와 같은)적 요소들이 많이 있다. 카리스마적 유형에서는 중대한 사건마다 지도자가 강력한 기질을 발휘해야 한다는 의미에서 지도자의 행위가 적법성을 표현한다. 합리적-합법적 유형에서는 실제로 전문적인 맥락에서 절차가 작동한다. 즉, 절차는 규칙적으로 적법성을 표현하며 기대했던 결과를 산출한다. 한편 절차가 실제로 작동하는지 여부를 평가하기가 쉽지 않다는 점에서 가장 전문적인 조직에서도 '합리성'이란 개념은 순전히 의례적인 의미로 사용될 수 있다. 합리성은 전적으로 기술적 과정의 결과물(물품과 용역)의 질이 쉽게 평가될 수 있는 정도에 따라 좌우될 것이다. 결과물과 생산 과정이 복잡할수록, 평가는 더욱 불확실해지고 적법성의 기술적 표현은 덜 명확해진다. 이런 환경에서, 조직들이 다른 조직들보다 효율적이라고 기록하고 정당화할 때 비판을 완화하기 위해서 의례적인 '합리성 의식'에 집착하는 것은 타당한 것이다.[7] 예를 들어서, 대량

---

6) James S. Coleman, *Foundations of Social Theory*, Cambridge, MA: Belknap Press, 2000, p.66.

7) "아픈 노동자는 공인된 의료 절차를 통해서 의사가 치료를 해줘야 한다. 노동자가 치료를 효과적으로 받았는지 여부는 그다지 중요하지 않다. 버스 회사는 승객들이 많건 적건 간에 정해진 노선을 운행해야 한다. 대학은 학과의 등록자 수에 상관없이 학과를 적절하게 유지해야 한다. 즉, 기능(activity)은 의식적 의미를 가지고 있어서 현상을 유지하면서 조직을 유효하게 한다." (John W. Meyer and Brian Rowan, "Institutionalized Organizations: Formal Structure as Myth and Ceremony", eds. Walter W. Powell and Paul J. DiMaggio, *The New Institutionalism*

생산된 물품 제조에서, 기술적인 측면이 강하고 상대적으로 의례적 측면은 약하지만, 정신병원, 법률 기관 그리고 학교에서는 결과에 대한 평가가 주로 의례적일 수가 있는데, 특히 이러한 조직들이 면허나 허가를 발급하는 정부 기관에 자신들의 적법성을 표현할 때 그렇다.[8]

한편 기술적 구성 요소와 의례적 구성 요소가 섞이더라도, 조직의 구성원들이 **일상적으로 따라야 하는 명령**은 그 자체로 직접적으로 적법성의 표현이다. 다시 말하면, 다른 구성원들이 보기에, 명령에 따르는 모습은 곧바로 권위의 적법성을 보여 주는 것이고, 반면에 명령에 따르지 않는 행위는 곧바로 권위에 도전하는 것이다. 명령 불복종이 드러났을 때, 특히 제재가 이루어지지 않으면 하급자 집단의 사기에 나쁜 영향을 주게 된다. 개인적 보상으로 전환될 수 있는 공동의 이익을 기대하면서 하급자들이 통제권에 복종하는 합리적-합법적 형태에서, 명령 불복종은 이러한 유익하고 기술적인 결과에 위험을 초래하게 된다. 하급자들이 신성한 선례에 따라 통제에 복종하는 전통적 형식에서 발생하는 명령 불복종은 그러한 선례의 유효성을 문제 삼게 된다. 그러므로 위반자를 본보기로 삼아서 불복종에 제재를 가하는 것은 모든 권위 구조에서는 필수적이고 그런 점에서 제재는 표현적 역할을 한다고 말할 수 있다. 하지만 제재는 다양한 역할을 하는 구성 요소이다. 해당 조직이 위반의 유형에 처벌의 유형을 맞추

---

in Organizational Analysis, Chicago, IL: University of Chicago Press, 1991, p. 55)

8) W. Richard Scott and John W. Meyer, "The Organization of Social Sectors: Propositions and Early Evidence", *Ibid.*, p. 124. 사회학에서 신제도주의 연구가 가치를 지니지만, 그것이 사회 구성주의와 관념론적 존재론에 의존한다는 의미에서 치명적인 결함이 있다. 어떤 조직의 작동에 관련된 실제적인 기술적 문제가 있다는 것을 명확하게 인식하고 있지만, 궁극적으로 기술로서 중요한 것은 그저 단순한 관습, 즉 개념의 문제, 기술적 요인과 의례적 요인 사이의 차이를 쓸모없게 만드는 주장일 뿐이다.

는 문제를 숙고하느라 시간을 보낸다면, 이렇게 맞물리는 범주들은 언어적 구성 요소들을 포함하게 된다. 그리고 물론 고문이나 감금 같은 처벌에는 분명히 물리적 측면이 있다.

　모든 사회적 배치와 마찬가지로, 조직 내에서의 물질적 역할은 무엇보다도 신체에 의해서 수행된다. 궁극적으로 처벌의 표적은 바로 이러한 신체들이다. 그러나 신체에 대한 징벌적인 인과적 개입은 유일하고도 가장 확실한 권위의 강제 형태이다. 여타의 강제 기술들은 특히 합리적-합법적 형태, 즉 조직의 하급 구성원들과 조직이 관리하는 사람들을 감시하고 징계하는 데 관련된 변별적인 관행에 존재한다. 합리적-합법적 권위 형태에 대해서 말하면서, 미셸 푸코(Michel Foucault)는 법률가들이나 법학자들이 자발적 복종을 기초로 하는 계약적 관계를 정교하게 정당화하면서 이러한 형태의 적법성이 어떻게 발전해 왔는가를 논의하고, 이런 식의 정당화 담론은 사법 조직이나 입법 조직이 아니라 기원이 상당히 다른 군사 조직에서 유래하여 산만하지 않고 규율 잡힌 구성 요소들에 의해서 보완되어야만 한다고 논의한다. 이러한 두 가지 구성 요소들은 나폴레옹 정부(state)에서 하나로 통합되어 푸코가 주장하듯이, 정부의 기초는

　　법률가뿐만 아니라 군인들, 정부의 참사관뿐만 아니라 하급 사관들, 법조인들뿐만 아니라 군인들에 의해서 입안되었다. 이러한 형성 과정에 동반된 로마와의 관련성에는 이중의 지표(시민들과 부대원들, 법과 군사훈련)가 있다. 법률가와 철학자들이 사회 조직의 구성과 재구성을 위해서 태고의 모형을 찾고 있을 때, 병사들과 그들과 함께하는 징벌 기술자들은 신체의 개별적이고 집단적인 강제를 위한 절차를 공들여 마련하고

있었다.[9]

우선, 이러한 강압적인 절차들은 물리적 시공간을 특수하게 사용한
다. 신체를 공간적으로 흩어 놓아야 불법적으로 모이지 않고 편리하게 감
시할 수 있다. 하급자들에게는 사무실 안의 정해진 장소든 생산 라인 안의
위치든 일정한 장소를 정해 주어야 한다. 그래야 일상적으로 규정을 준수
하고 있는지를 관찰할 수 있다. 이렇게 공간을 분석적으로 활용하는 모형
은 "통로의 도형적 배열, 막사의 숫자와 분배, 입구의 방향, 일반 사병들의
배치 등이 정확하게 정리된 군 주둔지였다".[10] 마찬가지로 시간도 엄격하
게 분할되어 작업률이 설정되고, 업무가 부과되며 순환과 반복이 통제된
다. 시간 낭비를 막기 위한 시간표를 사용한 것은 수도원이 기원이라고 할
수 있지만, 시험과 검사가 간간이 끼어들면서 잘 정리된 시간 순서대로 훈
련 과정을 정의하게 된 것은 주로 의무적 반복, 즉 '군사훈련'을 부과하여
군의 효율성을 증가시키려는 군대의 노력 덕분이다.[11]

엄격하게 공간과 시간을 분할하는 데다가 물질적 역할을 하는 배
치의 구성 요소에 **끊임없는 검사**(ceaseless inspection)와 **영구적 등록**
(permanent registration)을 추가해야 한다.[12] '영구적 등록'은 푸코가 규
정을 강화하기 위한 수단으로 군인, 학생, 환자, 노동자 그리고 죄수의 행
동과 활동에 관한 기록을 만들어 보관하는 행위를 지칭하기 위해서 사용

---

9) Michel Foucault, *Discipline and Punish: The Birth of Prison*, New York: Vintage
 Books, 1979, p.169.
10) *Ibid.*, p.171.
11) *Ibid.*, p.153.
12) *Ibid.*, pp.195~196.

한 용어이다. 이러한 영구적 기록은 기껏해야 몇 세기밖에 안 되는 비교적 최근의 역사적 현상들이다. 그래서 역사가들에게 중요한 과제는 성인들이나 종교인들을 통해서 거대 서사를 정당화하는 것이 아니라 **기술의 문턱**(threshold of description, 단 한 편의 정보가 가지고 있는 최소한의 의미도 보관할 만한 가치가 있는)을 낮추어 일반 대중들을 포괄하게 된 전환점을 알아내는 것이다. 푸코가 주장하듯이, 18세기부터 "실생활이 글로 바뀌면서 객관화와 주관화로 기능하는 영웅 만들기 절차가 끝난다".[13] 이러한 영구적 기록에 적합한 정보는 환자의 건강 상태를 살피기 위해서 의사가 눈으로 하는 검진에서부터 학생들의 학습 능력을 측정해서 학생들을 관리하기 위한 시험, 군인을 징병하거나 노동자를 고용하기 위한 질문서에 이르기까지 새로운 형태의 다양한 조사로 나타났다. 이전에는 의사의 검진이 비정기적이고 비교적 빠르게 진행되었다면, 이제는 검진 시간이 확대되고 횟수도 일정해졌다. 이전에 학교 시험은 학생들 사이의 경쟁에 불과했지만, 이제는 점차 개인의 능력을 결정하고 조사하고 비교하는 체계적인 방식이 되어 버렸다. 영구적 기록과 결합되면서, 시험을 통해서 자료를 축적해서 배열하고, 분류하고, 범주들을 형성하고, 평균을 결정하고 기준을 결정할 수 있게 해주는 비교의 장을 조직할 수 있게 되었다.[14]

이러한 배치들의 동일성을 안정화하고 유지시켜 주는 것은 어떤 과정들인가? 권위 구조의 한계를 결정하는 공간적 경계는 **사법권**과 직접적으로 연결되어 있다. 어떤 경우에는 조직이 소재해 있는 물리적 건물 벽에서 이러한 사법권이 끝나지만, 또 어떤 경우에는 벽을 넘어서 확장되어 전

---

13) *Ibid.*, pp.191~192.
14) *Ibid.*, p.190.

체 도시, 지방, 심지어는 국가의 지리적 경계와 일치하기도 한다. 이러한 사법적 경계의 안정성은 지속적인 집행력뿐만 아니라 적법성에 달려 있다. 사법권이 겹치는 조직들 사이의 충돌처럼, 합법적 권위의 한도에 대해서 의문을 제기하는 과정은 사법권의 경계를 불안정하게 할 수 있고 만일 분쟁이 해결되지 않으면, 사법권의 정체성을 절충할 수도 있다. 마찬가지로, 사법적 요구를 강화시켜 줄 경제적·군사적 혹은 법률적 자원이 부족하면 조직의 정체성이 모호해질 수 있다. 권위 구조에서 탈영토화가 발생하는 또 다른 근원은 승계의 위기이다. 베버는 카리스마 있는 지도자가 이끄는 작은 파벌이 또 다른 두 가지 조직 형태 가운데 하나로 전환하는 과정을 다루면서 탈영토화 과정의 좋은 사례들에 대해서 논의한다. 이러한 파벌들은 지도자가 사망한 이후에는 카리스마의 특성이 상대적으로 희소해진다는 점에서 특히 승계 위기에 노출되기 쉽다. 해결책은 카리스마가 세습되도록 하거나(조직이 전통이 되도록 하는) 아니면 지도자가 충족해야만 하는 전문적 자질을 명시함으로써(그래서 합리적-합법적이 되는) 승계 과정을 규칙화하는 것이다. 베버는 이렇게 쓰고 있다. "카리스마는 예언적이고 종교적인 운동과 초기 단계에서 확대되는 정치 운동에서 전형적인 현상들이다. 하지만 권위의 장소가 제대로 설정되고, 많은 사람들을 통제하게 되자마자, 일상적인 힘이 된다."[15] 그러므로 관례화는 권위 구조에서 발생하는 중대한 영토화 과정이다.

마지막으로, 이러한 배치에는 언어의 역할이란 문제가 남아 있다. 기록과 필기시험은 언어적 구성 요소의 좋은 사례이지만 여기서 이야기되는 글의 종류는 해석학적으로 끝없이 해석의 여지를 남기는 유형의 글이

---

15) Weber, *The Theory of Social and Economic Organization*, p.363.

아니라 비교적 단순한 사실 ──병원 방문과 복용량이나 학교 출석과 청결에 대한──을 기록하는 기호 논리학적 유형의 글이라는 것을 염두에 두어야 한다. 이러한 글은 직접적으로 성직자들과 같은 일정한 역할을 담당하는 재직자들이 지속적으로 해석하거나 재해석해야 하는 종교 문헌이나 구전 역사 그리고 이해관계가 충돌하는 경우에 판사처럼 전문화된 공직자들이 해석해야 하는 관료제의 성문 헌법처럼 직접적으로 언어적 역할을 수행하는 권위 구조의 여러 구성 요소들과 비교되어야 한다.

추가적으로, 그리고 권위의 형태에 상관없이, **집단 믿음**에 의해서 수행되는 역할이 있는데, 이 역할의 창발적 속성은 의견 일치의 수렴이다. 조직의 전문화된 구성원들(의사, 교사, 변호사)이 일상적으로 논증과 논의에 개입해서 상대적으로 느슨한 믿음을 때로는 '담론'으로 언급되는 더욱 체계적인 존재로 바뀌도록 분석하거나 분류한다면, 집단 믿음의 일관성은 더욱 증가할 수 있다. 이러한 믿음의 체계성은 합법화의 실행에는 물론이고 집행의 실행에도 영향을 줄 수 있다. 푸코에 따르면, 공간과 시간의 분석적 사용, 검사의 강화 그리고 기록의 항구성과 그 범위의 증가, 이 모든 것이 임상 의학, 교육학 그리고 형법과 같은 담론의 경우에 적절한 전문적 지식, 지식을 효율적으로 활용했던 사람들의 집행 능력을 증가시키는 지식의 발전에 기여했다.[16]

이렇게 해서 배치로서의 제도적 조직의 특성이 완성된다. 하지만 필자가 앞에서 말했듯이, 권위 구조 이외에도, 조직들 역시 지속적이고 목표

---

16) 들뢰즈는 푸코의 연구에 배치 분석을 적용시켜서, 병원이나 감옥 건물들을 물질적 구성 요소(혹은 '내용이라는 형태')로, 의학이나 범죄학의 담론을 표현적 구성 요소(혹은 '표현이라는 형태')로 구분한다. Deleuze, *Foucault*, p.62 참조.

지향적인 존재들로서 외적 정체성을 지니고 있다. 이러한 조직들이 상호 작용하는 다른 조직들의 일부로 존재하고, 이러한 상호작용 속에서 조직들은 사회적 행위자로서 가지고 있는 능력, 개인들이나 사람들 사이의 네트워크 조직들로 환원될 수 없는 능력을 발휘할 것이다. 이제 문제는 조직들이 공동 행위자들의 집단 내에서 본연의 능력을 발휘하여 어느 시점에 더 큰 전체로 나타날 것인가이다. 이것을 다르게 표현하면, 본연의 속성과 능력을 가진 조직의 위계와 네트워크가 있는가이다. 조직의 위계에 관한 가장 좋은 사례는 조직들이 국가나 지방 그리고 지역의 수준에서 존재할 수 있는, 서로 상호작용하면서 복잡하게 겹쳐 있는 사법권 내에서 작용하는 거대한 민족 국가의 정부이다. 조직 네트워크의 좋은 사례는 거대한 산업 조직의 투입량을 공급하고 산출량을 조절하는 지배적인 조직과의 관련성을 통해서 서로 연결된 공급자들과 분배자들이다.

배치 이론은 계층과 네트워크가 각기 다른 규모에서 유사한 속성을 드러내는 경향이 있다는 점을 고려해 보면, 이처럼 거대한 존재들에 직접적인 방식으로 적용되어야 한다. 한편 큰 규모에서는 전략적 계획의 수행이 더 어려워지고, 의도적 행위의 집단적·비의도적 결과가 더 두드러지기 때문에, 작은 규모와 차이가 있을 것이다. 이렇게 더 큰 배치들을 고려했을 때 해결되어야 할 첫 번째 문제는 상호작용들이 오랫동안 반복되면서 구성 요소들 사이에서 형성되는 외재성의 관계이다. 필자가 앞에서 논증했듯이, 하나의 조직은 조직의 자원들(물질적·기술적·법률적·재정적)이 자리를 차지하고 있는 사람들이 아닌 공적 지위나 직무와 연결되어 있는 한, 일종의 행위자가 된다. 대부분의 저자들은 이러한 자원들이 수행하는 핵심적 역할을 인지하지만 이 과정이 좀처럼 자동적으로 발생하지도 않고 특정 조직에서 문제가 되더라도 현실적인 **취득 과정**(process of their acquisition)을 당연하게 여기는 경향이 있다. 특히, 조직들은 취득 문제를 해결하기 위해서 서로 특정한 처리 과정에 관여해야 하고 그렇게 하면서 조직들은 이러한 교류가 다소 규칙적이 되면서 **의존 관계**(relation of dependence)를 발전시킬 수 있다.

사회학자 제프리 페퍼(Jeffrey Pfeffer)[17]와 제럴드 샐런식(Gerald Salancik)은 자원 의존성에, 그리고 그러한 의존성이 비대칭적일 때 어떤 조직이 또 다른 조직의 행동에 영향을 줄 수도 있는 능력에 접근하는 유용한 방식을 발전시켰다. 이러한 외재성의 관계를 정의하면서, 페퍼와 샐런식은 특정 조직과 특정 자원에 초점을 맞추기 시작해서 자원의 상대적 중요성을 결정한다. 상대적 중요성은 교류되고 있는 자원의 **규모**에 의해서 그리고 자원의 **임계성**으로 측정된다. 이들은 이렇게 쓰고 있다.

자원의 중요성을 결정하는 요인으로서 교환의 상대적 규모는 전체 투입량의 비율 혹은 교환에 의해 설명되는 전체 생산량의 비율을 평가함으로써 측정될 수 있다. 단 하나의 생산이나 용역을 창출하는 조직은 다양한 시장에서 처리되는 생산고를 가지고 있는 조직보다 소비자들에 더욱 의존한다. 마찬가지로, 한 가지 기본적인 투입량을 활용해서 운용되는 조직들은 비교적 작은 비율로 다양한 투입량을 사용하는 조직들보다 투입에 들어가는 공급원에 더 많이 의존하게 될 것이다. … 두 번째 차원의

---

17) 스탠포드대학교 경영대학원 조직행동학 석좌 교수. 카네기멜론대학교를 졸업하고 스탠포드대학교에서 경영학 석·박사 학위를 받았다. 일리노이대학교와 UC 버클리에서 경영학 교수를, 하버드 비즈니스 스쿨에서 초빙교수를 역임했다. 인재 경영의 창시자로 불리우며 조직행동, 리더십, 인사관리 등 경영학의 핵심 영역에서 세계적 석학으로 인정받고 있다. ─ 옮긴이

중요성은 조직에서 발생하는 투입량과 산출량의 임계점과 관련된다. …
임계점은 자원이 부재하거나 생산물을 팔 시장이 부재할 때도 기능을
계속 유지할 수 있는 조직의 능력을 평가한다. 자원은 전체 투입량이 작
은 비율을 차지하더라도 조직에 중요할 수 있다. 비록 전기 요금이 조직
의 지출에서 비교적 사소한 구성 요소이지만, 전기 없이 돌아갈 수 있는
사무실은 거의 없다.[18]

자원의 상대적 중요성뿐만 아니라 자원의 **통제와 대체성**의 정도로 정
의되는 자원 집중의 문제도 있다. 통제란 다른 조직에게 자원 할당을 결정
할 수 있는 조직의 능력, 자원에 물리적으로 더 쉽게 접근하게 해주는 소
유권이나 정부의 규제에서 나오는 능력을 지칭한다. 한편 대체성은 의존
관계에 있는 조직이 특정한 자원 공급자를 다른 공급자로 바꿀 수 있는 한
도를 지칭한다. 특정 자원에 대한 대체 자원이 적을수록 자원은 더 집중된
다.[19] 물론, 조직들이 상호의존할 수 있는 경우에는 자원 교류가 대칭적이
거나 상호적일 수 있다. 중요성과 집중성의 차원에서 교류의 균형이 깨지
면, 조절 능력이 있는 조직들은 의존적인 조직들의 작동에 영향을 미칠 수
있는 능력을 얻게 된다. 페퍼와 샐런식이 주장하듯이, "조직에 중요하지
않은 자원은 그 자원이 아무리 집중되어 있더라도 의존적 상황을 만들어
낼 수 없다. 또한, 자원이 아무리 중요하더라도, 그 자원이 상대적으로 소
수의 조직들에 의해서 통제되지 않으면, 핵심적인 조직은 특히나 그 어떤

---

18) Jeffrey Pfeffer and Gerald R. Salancik, *The External Control of Organization: A Resource Dependence Perspective*, Stanford, CA: Stanford University Press, 2003, p.46.
19) *Ibid.*, pp.48~50.

조직에도 의존하지 않을 것이다."[20]

자원 의존성은 조직적 네트워크와 계층제 모두에 존재한다. 더욱이, 계층제의 경우에, 전국적 사법권을 가진 하나의 조직이 지역적 규모에서 작동하는 다른 조직에게 명령을 내릴 수 있는 권위 관계가 존재하는데, 규칙적이고 예측 가능한 기준으로 명령을 내리는 능력은 전형적으로 권위의 적법성은 물론이거니와 재정적 자원의 실질적 통제에 의존할 것이다. 하지만, 이처럼 더 큰 규모의 존재에 대해서 배치 이론적 분석을 하기 위해서는 적법한 권위가 없어서 유일한 외재성의 관계가 자원 의존성인 경우로 시작하는 것이 더 간단해진다. 위에서도 언급했듯이, 산업 조직의 네트워크들은 이러한 경우에 맞는 좋은 사례를 제공해 주지만, 여기서는 가능성의 연속체를 정의하는 두 개의 극단적 형태를 구분해 주는 것이 중요하다. 두 개의 극단적 형태들은 자원 의존성에 대응하는 각기 다른 전략을 통해서 그 특징을 알아볼 수 있다.

첫 번째 대응 전략은 수직적 통합을 통해서 조직을 직접 흡수함으로

---

20) *Ibid.*, p.51. 이러한 유용한 통찰에도 불구하고, 자원 의존성 이론에는 중대한 결점이 있다. 조직(오히려 경영 관리자)은 다른 조직과의 관계를 '인지'한다고 생각하는 사회 구성주의를 저자들이 신뢰하기 때문에 결과적으로 조직의 환경은 실제로 관심을 기울이는 관계들로 만들어진다는 관념론적 결론에 도달하게 된다. 저자들이 주장하듯이, "조직의 환경이 주목하고 있는 과정에 의해 제정되거나 만들어진다는 지적은 초점을 객관적 환경의 특성에서 조직이 정보를 선택하고 무시하는 결정 과정의 특성으로 전환하는 경향이 있다".(*Ibid.*, p.74) 하지만 사람들은 왜 환경이 조직에 부여하는 기회와 위험의 객관적 분배로부터 관심을 전환하고 싶어 하는가? 사람들이 상실된 기회들을 말할 수 있고 실재적 의존성에 대처하는 조직의 능력에 대해서 이러한 잘못된 평가가 가질 수 있는 효과에 대해서 말할 수 있는 것은 바로 자원을 획득하는 실재적 기회들(혹은 자율성을 상실하는 실재적 위험들) 사이의 차이와 조직이 자원들을 가질 수도 있고 없을 수도 있다는 의식을 유지하는 것뿐이다. 사실 '제정된 환경'이란 개념은 유용하지 않지만 자원 의존성 이론의 사회 구성주의적 부분은 그 이론의 역할이 기술적이라기보다는 대체로 의례적이라는 것을 보여 주는 나머지 부분과 쉽게 분리될 수 있다.

써 의존성을 제거하는 것이다. 즉, 흡수한 회사에 투입량을 채우거나 생산량을 조절하여 조직을 장악하는 것이다. 이러한 전략은 규모의 경제를 활용하여 네트워크 내에서 지배적인 노드(node)가 될 수 있는 비교적 자급적인 거대 조직을 만든다.[21] 이러한 조직들은 우월한 지위를 통해서 통합되어 있지 않은 공급자와 분배자를 다양한 방식으로 통제하게 된다. 예를 들어서, 1970년대 미국의 자동차 회사들은 하청업자들의 설비를 엄격하게 조사하고, 품질 관리 절차를 감시하며 심지어는 관리의 질과 깊이를 지시하면서 하청업체들을 완벽하게 종속적으로 지배할 수 있었다.[22] 특정 산업에서는, 이처럼 거대한 소수의 조직들이 소위 **과점**을 형성하면서 개별적인 존재들로서 공존할 수 있다. 카르텔이 불법인 나라에서는 과점을 형성하는 경쟁자들 사이에 정보를 공유하는 데 법률적으로 어려움이 있기 때문에 이러한 조직의 분리가 강화될 수 있다. 그렇지만 이러한 경쟁 조직들은 간접적인 방식을 통해서 서로 연결될 수 있다. 아주 규모가 큰 회사들은 '주식회사'라고 불리는 공식적 권위 구조를 갖는 경향이 있다. 주식회사에서는 경영권과 소유권이 분리되어 있어서, 경영권은 전문 경영인의 손에 있고 소유권은 이사회로 대표되는 주주들에게 분산되어 있다. 주식회사 사이의 간접적 연결 고리들은 **겸직 임원제**라는 과정을 통해서 형성될 수 있다. 특정 회사의 이사회(예를 들면, 자동차 회사)가 다른 이사회에 속해 있을 수도 있는 은행이나 보험회사들과 같은 조직의 구성원들을 포함할 수 있다. 이사회의 구성원이 서로 겹치면서 이러한 조직들을

---

21) *Ibid.,* ch.6.

22) Walter W. Powell, "Neither Market nor Hierachy: Network Forms of Organization", ed. Michael Handel, *The Sociology of Organizations*, Thousand Oaks, CA: Sage, 2003, p.326.

연계해 주고 일방적으로 촉발된 가격 경쟁과 같은 불안정한 사건이 벌어질 가능성으로부터 조직을 보호하게 된다.[23]

두 번째 대응 전략은 자원의 상호의존성을 피하지 않고 활용하는 것이다. 이 전략은 명확하게 지배적인 조직도 없고 경제 규모의 결핍이 **집적 경제**를 통해 보완되는 비교적 작은 회사들을 만들어 낸다. 지리적으로 같은 지역에 집적된 작은 회사들은 다양한 직업 기회를 찾을 수 있는 능력 있는 사람들을 끌어들여 오랫동안 숙련 노동을 축적함으로써 그 지역의 회사 숫자를 늘리는 경향이 있다. 그러므로 이러한 회사들은 서로 경쟁하더라도, 전 지역에서 활용할 수 있는 집적과 공동의 인적 자원에서 이익을 본다.[24] 게다가, 전적으로 우월한 하청업체가 없는 경우에는 회사와 부품 공급업자 사이에 더 많은 협력을 끌어내는 관계를 형성하기도 하고, 어떤 경우에는 회사가 부품 공급업자에게 엄격한 사양을 만족시키는 부품을 조달하라고 명령하지 않고 부품을 설계하면서 부품 공급업자에게 자문해 주는 '자문 협력' 관계를 형성하기도 한다.[25] 1970년대 미국 자동차 산업이 첫 번째 전략을 설명한다면, 연구가 활발하게 진행된 에밀리아 로마냐(Emilia-Romagna)의 경우처럼, 이탈리아의 산업 지역은 두 번째 전략의 완벽한 사례들이다. 1980년대 초에, 이 지역의 제조업 중심지는 약 2

---

23) John R. Munkirs and James I. Sturgeon, "Oligopolistic Cooperation: Conceptual and Empirical Evidence of Market Structure Evolution", eds. Marc R. Tool and Warren J. Samuels, *The Economy as a System of Power*, New Brunswick, NJ: Transaction Press, 1989.

24) Paul M. Hohenberg and Lynn Hollen Lees, *The Making of Urban Europe 1000-1950*, Cambridge, MA: Harvard University Press, 1985, p.202.

25) Michael Best, *The New Competition*, Cambridge, MA: Harvard University Press, 1990, pp.14~15.

만 2,000개의 회사들로 구성되었고, 그중의 작은 일부에서만 500명 이상의 종업원들을 고용했으며, 대부분의 회사들은 도자기 공예, 섬유와 기계 그리고 금속 세공 제품 디자인에 종사했다.[26]

자원 의존성에 대응하는 각기 다른 방식이 만들어 내는 두 가지 극단적 형태들은 좀처럼 현실화되지 않고, 현실화되더라도 일정한 시간 동안 비슷하게만 나타날 뿐이다. 그렇지만 어느 하나의 극단적 형태가 지배하는 혼합체들을 비교할 수는 있다. 이런 식으로 비교할 때, 제조 회사들 자체뿐만 아니라 대학, 무역 협회와 노동조합과 같은 다양한 여러 조직들을 포함하는 것이 중요한데, 일정하게 반복적인 특성들을 보여 주는 것은 바로 배치 전체이기 때문이다. 애너리 색서니언(AnnaLee Saxenian)[27]이 수행했던 미국의 두 산업 지역, 컴퓨터 산업과 관련된 북부 캘리포니아의 실리콘 밸리와 보스턴의 128번 도로에 대한 연구는 이러한 배치의 속성을 대조적으로 보여 준다. 색서니언은 이렇게 쓰고 있다.

실리콘 밸리는 관련 기술이 복합된 전문 생산자들 사이에 집단 학습과 유연한 적응을 촉진하는 지역 네트워크 기반 산업 시스템이다. 이 지역의 밀집한 사회 네트워크와 열린 노동 시장 덕분에 실험과 기업 활동이 장려된다. 회사들이 변화하는 시장과 기술에 대해서 비공식적 접촉과 공동의 실천을 통해서 서로 배워 가면서 집중적으로 경쟁한다. 그리고 느슨하게 연결된 팀 구조 덕분에 회사의 부서들 사이에서 그리고 외부

---

26) *Ibid.*, p.205.

27) UC 버클리의 교수이자 정보 대학의 학장. 실리콘밸리의 기술 집적과 사회적 네트워크에 대한 연구로 유명하다. ── 옮긴이

의 공급자나 소비자들과도 수평적 소통이 가능해진다. 회사 내의 기능적 경계가 네트워크 시스템에서 마치 회사 자체의 경계 그리고 회사와 무역 협회나 대학과 같은 지역의 조직들 사이의 경계들처럼 허점이 있다. … 한편 128번 도로 지역은 비교적 통합된 소수의 기업들이 지배하고 있다. 이 지역의 산업 체계는 폭넓은 생산 활동을 자체적으로 소화하는 독립된 회사들을 기반으로 한다. 비밀주의와 회사에 대한 충성이 회사와 고객들, 공급자들 그리고 경쟁자들과의 관계를 지배하면서 안정성과 자립을 도모하는 지역 문화를 강화한다. 기업의 위계질서가 권한을 집중시키고 정보를 수직적으로 흐르게 만들어 준다. 회사들 사이와 회사들 내의 경계 그리고 회사와 지역의 조직들 사이의 경계는 이러한 독립적 회사 체제에서 훨씬 더 뚜렷해진다.[28]

조직의 배치를 다룰 때, 두 가지 극단적 형태와 그 혼합체의 구성 요소들은 다양한 표현적 역할과 물질적 역할을 한다. 먼저, 표현적 역할이란 조직의 행동을 통해서 드러나는 표현력을 말한다. 즉, 조직은 행동을 통해서 배치의 다른 구성원들에게 조직의 의도에 대해서 신호를 전달할 수 있다. 이러한 의도는 결정문이나 정책 문서로는 명시적으로 언명될 수 없다. 비록 우리가 '의도를 해석'할 수는 있지만, 그렇더라도 그것은 전형적으로 의미론의 문제(즉, 의미작용의 문제)가 아니라 전략적 의미나 중요성에 대한 평가가 될 것이다. 예를 들어서, 첫 번째 극단적 형태에서는 자원들의 흐름에서 우월한 지위를 차지하고 있는 조직이 유리한 통상 조건을 요

---

28) AnnaLee Saxenian, *Regional Advantage: Culture and Competition in Silicon Valley and Route 128*, Cambridge, MA: Harvard University Press, 1996, pp. 2~3.

구하면서 자원을 요구할 수 있다. 이러한 조직은 협상 과정에서 시끄럽게 혹은 조용하게 그러한 요구들을 표시하면서 은밀하거나 혹은 확실한 방식으로 우월성을 표시할 수 있다. 반대로, 의존적 지위에 있는 조직은 요구에 끌려간다는 바로 그 사실을 통해서 열등한 지위를 표현한다. 이런 협력 행위는 제한된 자율성을 인정하는 것이고 이렇게 표현된 약점 때문에 우월한 조직은 더 많은 요구를 할 수 있는데, 우월한 조직은 자원을 새롭게 요구할 때 종속된 조직의 과거 행적을 성공 가능성의 지표로 이용할 수 있다. 두 번째 극단적 형태에서, 경쟁은 협력과 균형을 이루어야만 하므로 중요한 것은 바로 결속과 신뢰의 표현이다. 여기서 중요한 것은 소위 '공유지의 비극', 즉 한 조직에 속한 행위자의 기회주의적 행위 때문에 공동 자원을 파괴시키는 행위를 회피하는 것이다. 공공의 복지에 대한 이기적인 무관심을 드러내는 어떤 행위도 협력의 붕괴를 초래하는 행위를 촉발할 수 있다. 이런 결과를 피하려면, 결속력 결여라는 표현을 조직의 평판의 일부로 만드는 방식과 나쁜 평판이 불리한 경제적 결과를 초래하는 방식이 반드시 있어야 한다. 이렇게 하려면 특수한 조직들을 만들거나 촘촘한 인적 네트워크의 강제 속성을 활용해야 할 수도 있다.[29]

　조직적 행위의 비언어적 표현력은 물론 언어와 관련되지 않을 수 없는데 조직의 행동은 조직 내에서 발생하는 의사 결정 과정과 밀접하게 연결되기 때문이다. 조직의 네트워크가 취할 수도 있는 두 개의 극단적 형태들 사이의 차이는 대기업의 경우에는 중앙 집중화되어 있고, 상호작용하는 소기업의 경우에는 분산되어 있는 의사 결정 방식의 차이이다. 어느 경우에나 여러 가지 문제들에 대한 신뢰를 바탕으로 결정이 이루어진다. 예

---

29) Pfeffer and Salancik, *The External Control of Organization*, pp.94~95.

를 들면, 과점이라는 전략적 조치에 대해서 다른 구성원들이 내놓을 수 있는 반응에 대한 신뢰, 의존적인 회사들이 요구에 따를 것이라는 신뢰, 네트워크 내에서 결속력에 대한 신뢰 등이다. 이러한 모든 신뢰들은 명제에 대한 태도이고 따라서 언어적 구성 요소를 담고 있다. 한편 전략적 의사 결정을 넘어서 전략을 **실행**하는 문제로 넘어갈 때, 특히 그러한 실행에 인과관계가 실제로 개입될 때, 이러한 신뢰는 배치의 물질적 구성 요소들로 설명되어야 한다. 그러니까 이러한 신뢰를 구현하는 물질적 자원들 사이의 관계를 인과적으로 적절하게 이해함으로써 신뢰가 판단되어야 한다. 예를 들어서, 투입되는 원재료의 속성과 관련된 특정 기술이 인과적으로 적절한지가 이해되어야 한다. 의존 관계를 초래하는 많은 자원들은 에너지 자원과 산업용 기계로부터 물류와 관련된 모든 것에 이르기까지, 보관에서부터 운송에 이르기까지 배치에서 물질적 역할을 한다. 숙련되었든 아니면 숙련되지 않았든 노동은 또 다른 중요한 물질적 구성 요소이다. 돈 역시 돈의 유통이 다른 자원들을 흐르게 한다는 측면에서 물질적 역할을 한다. 시스템 생태학자 하워드 오덤(Howard Odum)[30]이 주장하듯이, "에너지의 흐름은 돈의 유통을 가능하게 해주고 돈의 시장 조작은 에너지의 흐름을 통제할 수 있다".[31]

두 가지 극단적 형태는 다른 유형의 영토화와 탈영토화를 보여 준다.

---

30) 시스템 생태학 혹은 계생태학(system ecology)은 생태학의 전문 분야로 응용수학, 수학적 모델 및 컴퓨터 프로그램을 사용하여 생태계의 구조와 기능의 분석과 이해를 연구하는 분야를 말한다. 하워드 오덤은 미국의 사회학자로, 객관적 문화사회학의 입장을 토대로 기술 양식(technicways)의 진보 원리에 입각하여 사회동학(dynamic sociology)을 확립하였다. 저서로는 『미합중국의 남부지역』(Southern Regions of the United States) 등이 있다. — 옮긴이

31) Best, The New Competition, pp.239~240.

작은 회사의 네트워크들은 조직과 숙련된 노동력이 합쳐지는 지리학적 지역에서 결합된다. 단 하나의 회사가 어디론가 이사를 가겠다고 결정하려면 많은 세월 동안 그 지역에서 형성된 재능 있는 사람들의 인력풀에 접근하기를 포기해야만 가능하다. 이런 의미에서, 상호의존적인 회사들의 네트워크는 고도로 영토화되어 있다고 말할 수 있다. 반면에 수많은 경제적 기능들을 내적으로 해결할 수 있는 규모가 크고 자립적인 회사들은 그런 이유로 지리적 위치로부터 일정한 자유를 누리게 된다. 이러한 이동성 덕분에 큰 회사들은 국민 기업으로 있을 때조차도 매우 탈영토화되어 있고, 세계화 때문에 국토라는 제약으로부터 자유로워지면서 탈영토화도 크게 강화된다. 하지만 규모가 크고 자족적인 회사들의 경계가 규모가 작고 상호의존적인 회사들의 경계보다 더 날카롭다는 사실은 규모의 경제에서 인적 자원의 활용이 아주 일상화되고 의사 결정이 매우 집중된다는 사실과 마찬가지로 다른 형태의 영토화를 나타낸다. 다른 한편, 집적의 경제에서, 숙련 노동은 결정적인 구성 요소일 뿐만 아니라 훨씬 더 유동적인 경향이 있다. 이직률, 즉 기술 전문가들이 특정 직업에 종사하는 평균 기간은 상호의존적인 회사의 네트워크인 경우에 2년이나 3년 정도이다. 대기업에서 일하는 많은 전문가들의 경우에 평생인 것과 대비가 된다.[32] 이런 의미에서, 거대 독립 기업들이 지배하는 네트워크들은 작고 상호의존적인 기업들을 연결하는 네트워크들보다 더 영토화된다.

실리콘 밸리와 128번 도로를 차지하고 있는 조직의 배치들이 다양한 극단적 형태의 연속체 근처에 지점들을 현실화하면, 이러한 지점들 역시

---

32) Howard T. Odum and Elizabeth C. Odum, *Energy Basis for Man and Nature*, New York: McGraw-Hill, 1981, p.41.

서로 상호작용을 하는데 많은 조직들이 같은 산업에 속해 있기 때문이다. 이것은 양쪽의 극단적 형태들 모두에 공통적인 영토화와 탈영토화의 과정들, 즉 전체 산업의 정체성을 안정화시켜 주는 과정들이 있다는 뜻이다. **무역 협회와 산업 협회**처럼 조직을 통합하고 조정하는 활동은 이러한 과정의 핵심적인 구성 요소이다. 산업 협회는 집단적으로 특히 산업 전체의 기술적 표준 설정에 영향을 주는 많은 규범적 문제에 대해서 구성원들의 공감대를 이끌어 내는 데 도움이 된다. 무역 협회는 산업의 판매, 가격과 원가 정보를 위한 홍보 기관과 같은 역할을 해서 구성원들의 활동을 조정하게 한다. 이러한 협회들은 연구를 후원(연구의 결과는 구성원들끼리 공유한다)하고 제품 정의와 제품 품질 지침을 홍보함으로써 조직 상호 간의 차이를 감소시켜 준다.[33] 조직의 통일성 역시 전문가 협회나 노동자 협회에서 만들어 내는 행위 규범을 통해서 증진된다. 그러한 규범들은 비공식적이고 강제력은 없을 수 있지만 직업의 행동 방식, 가능성, 임금 등을 표준화하는 데 도움을 줄 수 있다.[34]

두 형태에 영향을 주는 중요한 탈영토화 요인은 제품이나 공정에서 **고도의 혁신**을 통해서 창출되는 것과 같은 격변하는 환경이다. 여기서 중요한 것은 조직 내부의 변화율 사이의 관계이다. 예를 들면, 조직을 무기력하게 만드는 다양한 근거에 의해서 영향을 받는 비율, 다른 나라의 같은 산업에서 혹은 같은 나라의 다른 업종에서 조직 외부의 기술의 변화율 등이다. 전체 산업을 고려해 보면 우리는 특히 외적 충격이 계속될 때, **외적 충격에 대한 시간 내적 변화 능력**만큼 조직 구성원들의 적응 능력(모든 조직

33) Saxenian, *Regional Advantage*, pp.34~36.
34) Pfeffer and Salancik, *The External Control of Organization*, pp.178~179.

들이 적응할 수 있을 만큼 충분한 시간이 주어진다면)에 관심을 갖지 않는다.[35] 계속되는 충격을 추적하려면 전체 조직에서 나오는 집단적 반응이 필요한 만큼, 연속체에서 네트워크가 어떤 위치를 차지하고 있는가는 성패의 조건을 결정할 수 있다. 규모의 경제의 특징인 계획과 실행이 명확하게 분리되는 조직에서는 변화에 적응하는 사람들의 숫자를 제한한다. 반면에, 상대적으로 위계질서가 평평하고 숙련 기술을 사용하는 작은 조직들에서는 회사 전체가 경험을 통해서 배울 수 있게 된다. 게다가, 회사와 공급자 사이에서 협의를 통한 협업이 특징인 집적 경제에서는 학습의 혜택을 전체 네트워크로 확장할 수 있다. 개혁의 속도가 빠를수록, 특정 네트워크가 소기업의 집단적 학습 과정을 통해서 더 많은 이익을 얻을수록 대기업이 사용하는 과점이라는 자족적인 접근 방식은 더욱 부적절해질 것이다.

필자는 이미 이러한 배치들 가운데 언어적 구성 요소 하나를 언급했지만, 마찬가지로 중요한 것은 조직들이 상호의존적 효과를 누그러뜨리는 수단으로 활용되는 문서로 작성된 계약(그리고 여타의 협정)이다. 의사 결정 과정에서, 계약의 내용은 조직 활동의 결과에 대한 예측 가능성에 따라 달라질 것이다. 계약이 이루어지는 상황에서 고려할 사항들이 많을수록 결과 예측에 더 많은 노력이 들어간다. 사실, 계약의 문구가 모든 우발적 사건들을 미리 명시할 필요가 있다는 점에서 계약은 저마다 다르다. 예를 들어서, 신제도 경제학[36]에서는 고용 계약과 판매 계약을 구분하는데,

35) Walter W. Powell and Paul J. DiMaggio, "The Iron Cage Revisited: Institutional Isomorphism and Collective Rationality in Organizational Fields", eds. Powell and DiMaggio, *The New Institutionalism in Organizational Analysis*, pp.71~72.
36) 20세기 초반 미국에서 상당한 영향력을 발휘했던 제도학파는 체계적인 이론 체계를 수립하

판매 계약에서는 고용 계약보다 만일의 사태에 대해서 더 많이 대비해야 하기 때문이다. 사실, 이러한 문제가 너무 광범위할 때(예를 들면, 특수한 기계에 의해 발생하는 의존성 때문에), 이 부류의 경제학에서는, 어떤 조직은 이전에 시장에서 거래하던 회사를 구매함으로써 판매 계약을 고용 계약으로 전환할 것이라고 예측한다.[37] 어쩔 수 없이 불완전한 계약(합리성과 정직함이 제한적이므로)을 체결해서 발생하는 문제뿐만 아니라, 어떤 형식으로 계약을 체결할지를 결정하는 것은 계약의 해석과 실행의 장소 선택에 따라 좌우될 수 있다. 고용 계약은 내부적으로 집행될 수 있고 계약의 해석에 관한 분쟁은 중재를 통해서 처리되지만, 판매 계약은 법정에서 집행되어야 하고 해석에 관한 분쟁은 소송을 통해서 처리된다.[38]

계약적 의무에 대해서 사법적 해석이 필요할 수도 있다는 사실은 특정 산업을 구성하는 조직들이 회사는 물론이거니와 무역 조직과 노동조합, 모든 정부 조직을 포함할 수도 있음을 의미하는데, 정부가 재산권을 법률적으로 정의하고 행사함으로써 제조회사와 영리회사들이 거래하면서 따라야 하는 환경이 조성되기 때문이다.[39] 몇 개의 대기업이 지배하는

지 못하고 중반에는 그 빛이 거의 꺼져 가고 있었다. 그러나 1970년대 말을 기점으로 1980년대 말경 제도의 분석을 경제학에 재도입하기 시작하면서 신제도 경제학(New Institutional Economics)은 부흥의 시기를 맞이했다. 이러한 신제도 경제학은 경제제도에 영향을 주는 역사적·사회적·문화적 요인들을 연구 대상으로 한다. ― 옮긴이

37) Michael T. Hannan and John Freeman, *Organizational Ecology*, Cambridge, MA: Harvard University Press, 1989, p.66.

38) Oliver E. Williamson, "Transaction Cost Economics and Organization Theory", ed. Oliver E. Williamson, *Organization Theory*, New York: Oxford University Press, 1995, p.223.

39) Oliver E. Williamson, "Chester Barnard and the Incipient Science of Organization", *Ibid.*, p.196.
신제도 경제학파의 초점은 때로 너무 협소해서 발생 가능한 모든 자원 의존성을 모두 담아내지 못한다. 특히, 비슷한 크기의 조직들(즉, 훨씬 큰 규모의 회사가 뚜렷하게 지배하지 않

산업 네트워크와는 달리, 정부 조직은 잘 정리된 권위 구조를 가진 진정한 위계질서를 형성한다. 어떤 경우에, 산업 네트워크는 카르텔이 나타나면서 형식적인 권위 관계를 만들어 낼 수 있지만 이것들은 전형적으로 실질적인 위계질서를 발휘할 능력은 없다. 예를 들어, 1870년대에 미국에서 카르텔이 불법화되기 이전에, 몇몇 철도 회사들은 연례 회의를 입법 기관(규정과 절차를 공표하는)으로, 본사를 결의안을 시행하는 집행 기관으로 활용해서 네트워크의 연결을 더욱 위계적으로 만들려고 시도했지만 카르텔 규칙 위반을 법적으로 제재할 수 있는 사법 기관으로 만드는 데는 실패했다.[40] 결국, 카르텔에서 중요한 것은 권위의 적법성이 아니라 동등한 지배력을 가진 회사들 사이의 결속력이라는 문제였다. 한편 정부의 계층 질서에 관한 한, 적법성은 배치의 핵심적인 표현적 구성 요소일 뿐만 아니라 조직이나 직종에 대한 면허나 허가를 발급하거나 취소함으로써 정부에 의존하도록 활용할 수 있는 자원이다.

조직의 위계질서가 배치 안에서 어떻게 다루어질 수 있는지를 논의하기에 앞서, 몇 가지 권리 포기 각서를 써야만 한다. 우선, 제한된 지면에서 중앙 정부가 역사적으로 취했던 광범위한 형식을 논의할 수는 없다. 그래서 필자는 논의를 미분화 과정이 가장 복잡한 형태를 만들어 냈던 형식

는) 사이의 노동 분업은 각기 다르지만 밀접하게 보완되는 생산이나 사업에 전문화를 가져올 수 있다. 결과적으로 노동 분업은 회사가 만들거나 팔기 위해서가 아니라 만들거나 협동하기 위해서 또 다른 선택을 하게 한다. 이렇게 생겨난 상호의존성은 기술, 표준 심지어 인력의 이전, 교환 혹은 공동 관리 계약에 근거해서 협력하고 제휴할 수도 있다. G. B. Richardson, "The Organization of Industry", eds. Peter J. Buckley and Jonathan Michie, *Firms, Organizations and Contracts*, Oxford: Oxford University Press, 2001, pp. 59~63 참조.

40) Terry M. Moe, "The Politics of Structural Choice: Toward a Theory of Public Bureaucracy", ed. Williamson, *Organization Theory*, p.125.

들, 즉 행정·입법·사법 조직들 사이에 분명한 분업이 있고 미분화된 기능들이 각기 다른 지리적 규모, 즉 국가적 규모, 지방이나 주(州) 규모 그리고 시 정부의 지역적 규모에서 동시에 수행되는 것들로 제한할 것이다. 이처럼 복잡한 사례들을 성공적으로 따져 볼 수 있다면, 더 단순한 형태들은 아무런 문제가 되지 않을 것이다. 두 번째, 복잡한 중앙 정부들이 취하는 각기 다른 형태들 중에서 필자는 **연방제** 형태에 초점을 맞출 텐데, 그것이 이러한 지리적 위계 구조를 가장 분명하게 보여 주기 때문이다. 마지막으로, 문제 제기를 간명하게 하기 위해서, 필자는 미국식 연방 정부라는 단하나의 사례에서 대부분의 사례를 골라낼 것이다.

독자들에게 단순화해서 설명하는 부분에 대해서 미리 주의를 요청하면서, 필자는 네 가지를 미리 지적해 두고자 한다. '국가'와 같은 개념을 사용하지 않는 것이 중요한 이유는 그와 같이 구체화된 일반성들은 존재론적으로 타당한 실체가 아닐 뿐만 아니라 그런 개념들은 너무 획일적이라서 정부의 위계질서를 형성하는 이종적인 조직들 사이에 존재하는 외재성의 관계를 담아낼 수 없기 때문이다. 예를 들어서, 적절한 이종성 개념이 없으면, **공공 정책의 공식화와 정책의 현실적 이행** 사이의 차이가 없어지고 현실에 개입하는 정부의 능력은 개입을 수행하는 선출직 대표들이 결정을 내리는 단순한 방식으로 연관된다고 생각하는 실수를 저지를 수 있다. 그러나 이행 과정에 대한 연구를 통해서 달성해야 할 목표를 요약한 문서로부터 정책을 수행할 올바른 기관을 선정하고, 각 단계에서 필요한 기금을 투입하고 흐름을 관리하며, 사법권이 겹치는 중앙 정부 조직, 주(州)와 지방 정부 조직이라는 긴 연결 고리에서 협력 관계를 확보하는 것이 얼마나 어려운지를 알 수 있었다. 많은 경우에, 중앙의 정책 결정은 결국 이행되지 않거나 알아볼 수 없을 만큼 변화하고 만다. 많은 정부 조직들의 협력은 당연하게 받아들일 수 없을 정도로 객관적으로 복잡하고 문제투성이다.[41] 물론, 정책 입안과 이행 사이의 복잡한 관계는 두 행위가 매끄러운 망을 형성한다는 뜻(우리를 다시 단일한 개념으로 돌려놓는 해석)으로 해석될 수 있다. 하지만 이러한 관계는 피드백을 포함하는 비선형적 과정, 즉 '목표 달성의 정도와 선출직 공무원과 임명직 공무원 사이의 권위의 분배를 평가하는 능력'을 위태롭게 하지 않는 입안-이행-재입안의 과정으로 형성될 수도 있다.[42]

두 번째로 미리 언급해 두어야 할 사항은 이러한 마지막 논점에서 확장된다. 선출직 공무원들(즉, 민주적이거나 대의적 조직들)이 이끄는 정부 조직과 비선출직 직업 관료들이 운영하는 정부 조직 사이의 관계는 깊이 들여다보면 문제가 많다. 관료제가 효율적으로 적법하게 운영되려면, **정치와 행정 사이가 분명하게 구분**되는 것이 필수적이다. 즉, 관료들이라는 전문가 집단의 지식은 선거 과정이라는 우발성과 분리되어야만 한다. 이러한 분리가 더 많이 이루어질수록, 선거 결과로 표출된 대중의 관심에 관료 사회가 민감해지지 않을 수 있다. 다시 말하면, 효율성을 증진시키는 동일한 요인이 적어도 민주 정부에서 합법성을 훼손하는 경향이 있다. 이러한 분쟁의 한 가지 요소는 권한의 위임을 포함하는 많은 사회관계에 공통적이다. 하나의 모델('기관장-기관' 모델)을 통해서, 이 문제는 이렇게 생각해 볼 수 있다. 고용주들(기관장들)이 고용해서 권한을 위임해 준 기관들보다 전문 지식을 덜 가지고 있으면 부정행위와 책임 회피가 발생하지 않을 것이라고 어떻게 확신할 수 있는가? 이런 모델에서, 기본적인 분쟁은

---

41) Best, *The New Competition*, p.82.
42) Pressman and Wildavsky, *Implementation*, ch.5.

전문 지식의 비대칭성에서 발생하고 규모가 큰 경우에도 적용될 수 있는데, 기관장들도 입법자들(혹은 각각의 보좌관들)도 관료 사회의 직무 수행을 평가하는 데 필요한 전문화된 지식을 가지고 있지 않기 때문이다.[43] 하지만 이 모델은 더 작은 규모에서는 그와 같은 사례를 찾을 수 없다는 문제를 도외시한다. 특히, 관료제를 유리하게 하는 전문 지식의 비대칭성은 관료제에 적대적으로 변할 수도 있는데, 많은 경우에(원자력, 제약 제품, 금융 과정) 정부 기관들이 규제하기로 되어 있는 산업체들이 규정을 집행하는 데 필요한 매우 기술적인 정보를 기관들에 제공해 주기 때문이다. 다시 말하면, 조정 능력을 가진 기관들은 전문적 자원에 의존적이고 더 나아가 이미 문제가 될 수 있는 적법성을 손상시킬 수 있는 특수한 이해관계에 빠질 수 있다.[44]

세 번째 그리고 네 번째로 미리 언급해 두어야 할 사항은 배치 이론에서는 중요하지만 여타의 이론에서는 반드시 명시되지 않은 구분이다. 우선, 우리는 영토적 실체와 연방(혹은 여타의 형태) 정부를 형성하는 위계적 조직들을 구분해야 한다. 영토적 실체는 정부 조직 이외에도 다양한 조직들의 모든 집단, 즉 개인들과 인적 네트워크의 집단, 도시 및 지역과 지방, 그리고 다양한 영토적 실체와 맺는 외재성의 지정학적 관계들을 포함한다. 정치적 혁명을 통해서 하나의 정부가 다른 정부로, 예를 들면, 독재 정부가 민주 정부로 바뀌더라도, 다른 나라들과 관련된 지정학에 입각한 전략적 위치는 말할 것도 없이 이전부터 있어 왔던 도시나 지방 사이의 불

---

43) Daniel A. Mazmanian and Paul A. Sabatier, *Implementation and Public Policy*, Lanham, MD: University Press of America, 1989, p.9.

44) B. Dan Wood and Richard W. Waterman, *Bureaucratic Dynamics*, Boulder, CO: Westview Press, 1994, pp.22~30.

평등한 관계들은 전혀 바뀌지 않는다. 한편 조직의 위계질서 대부분은 조직이 관할하는 영토와 실질적으로 분리되지 않고 조직의 정체성을 규정하는 부분이 영토의 국경에 대해서 실제로 지배력을 행사하므로 이러한 구분은 조심스럽게 이루어져야 한다. 잘 정리된 공간적 경계 없이도 존재할 수 있는 제도적 조직의 인적 네트워크와는 달리 복잡한 조직의 계층들은 그들이 지배하는 영토와 그 영토와 관련된 자원들(천연 자원과 인구 자원) 밖에서는 좀처럼 개념화될 수 없다. 그렇지만 필자는 영토적 측면의 분석은 다음 장으로 미뤄 두고 조직의 배치적 특성을 강조할 것이다.

왕국, 제국 혹은 민족 국가와 조직의 계층적 배치를 구분해 내고 분석하기 위해서는 지속적인 배치 그 자체를 다른 조직이나 네트워크의 연합, 개별적 사람들의 집단과 맺는 상호관계와 분리하는 것이 중요하다. 이러한 상호작용 가운데 일부는 복잡한 정치적 상황을 조성하면서 배치(큰 규모로 사람들 사이에서 이루어지는 대화에 해당하는 배치)를 만들어 낼 수 있다. 앞 장에서 필자는 네트워크 연합의 배치로서 사회 정의 운동과 대화 상대의 역할을 하는 정부 조직들에 대한 찰스 틸리의 생각을 논의했다. 틸리는 대중 집회를 운동 세력, 반운동 세력 그리고 경찰들 사이에서 벌어지는 규모가 큰 대화로 본다. 좀 더 일반적으로 말해서, 틸리는 초기 프랑스 혁명에서 나타났던 의례적 처형, 행렬, 찬양, 민병대 행진이든 아니면 현대 서구 사회 운동에서 볼 수 있는 대중 집회, 청원 운동, 로비, 데모 그리고 협회 조직이든 끊임없는 즉흥, 개혁, 제약 등으로 대화가 조합되는 것을 목격하게 된다고 주장한다.[45]

참여자들에 의해서 공적 페르소나가 만들어지는 사적 대화와 마찬

---

45) Pfeffer and Salancik, *The External Control of Organization*, pp. 210~211.

가지로, 조직들 사이의(혹은 조직과 네트워크 연합 사이의) 대화 역시 권리 주장과 집단적 정체성(예를 들면, 종족 공동체나 산업 분야의 정체성) 형성을 수반한다. 하지만 사적인 대화와 마찬가지로, 정치적 혁명을 제외하고, 이러한 상호작용을 통해서 반드시 정부 자체의 정체성이 바뀌지는 않는다. 또한 대화는 사회적 만남(매우 다양한 단편적 배치들을 아우르는 용어―더 큰 규모에도 적용되는 지점)의 유일한 사례이다. 그래서 필자는 먼저 조직의 계층적 배치를 분석하고, 그다음에 상호작용을 통해서 형성되는 매우 다양한 단편적 배치들의 사례를 추가할 것이다.

명령 구조를 담고 있는 모든 배치들처럼, 표현적 역할은 권위의 정당화와 관련된 구성 요소들을 통해서 수행되지만, 물질적 역할은 집행과 관련된 구성 요소들을 통해서 수행된다. 예를 들면, 미국에는 헌법과 선거 과정이라는 두 가지 중요한 적법성의 원천이 있다. 물론, 법적 구속력을 가지고 있는 헌법은 언어적 구성 요소로서, 입법·사법·행정 조직 사이의 관계와 연방 정부나 주, 지방의 사법권 내에서 작동하는 조직 사이의 관계를 명시하고 있다. 선거 과정은 그 결과가 대중의 의지를 표현한다는 점에서 선출직 공무원들에게 적법성을 부여해 주는 비언어적 구성 요소이다. 하지만 사실 선거라는 의례적 행위가 유권자 내의 다양한 집단을 비례적으로 대표해 주지는 않는다. 주민의 선호도가 선거 결과를 통해서 어떻게 하면 잘 표현될지, 그리고 그 결과가 어떻게 대의적이고 적법한지 등의 문제에 직접적으로 영향을 주는 투표 절차(예를 들면, 투표가 어떻게 집계되는지 혹은 당선자들이 어떻게 선출되는지)에는 기술적 특징들이 있다.

예를 들면, 유권자들은 단 한 표만을 가지고 있고 더 많은 표를 얻은 후보자들이 승리하는 투표 제도(다수결 투표), 여러 형태로 배분할 수 있도록 유권자들이 여러 표를 행사하는 투표 제도(승인 투표), 유권자들이 찬반을 선택하지 않고 후보자들의 순위만을 결정하는 투표 제도(선호 투표)가 있다. 집단의 선호도에 대한 현실적 배분을 표현하는 이러한 투표 제도의 기능은 매우 다르게 나타나는데, 전략적(혹은 전술적) 투표에서처럼 실제 선호도 때문이 아니라 누군가가 승리하지 못하도록 하기 위한 투표에서는 허점을 드러낸다.[46] 수학자들이 어떤 제도가 최선인지에 대해서는 동의하지 못하더라도──그리고 투표가 다양한 목적을 위해서 치러질 수 있기에 최선의 선택이란 있을 수 없다──그들은 모두 다수결 투표가 기술적으로 최악이고, 그래서 미국과 같은 근대 국가에서 그런 제도가 남아 있는 이유는 의례적 가치를 통해서 설명될 수 있다는 데 동의한다.

만일 적법성의 근거가 두 가지밖에 없다면, 관료제에서 발생하는 문제는 해결되지 않을 것이고 그래서 계속적으로 위기가 초래될 것이다. 관료들은 선출직 공무원들이 아니어서 선거 결과로부터 적법성을 끌어들일 수가 없고 헌법은 관료제의 자격에 대해서 그리고 조사권, 기소권, 판결권을 관료제에 위임한 적법성에 대해서는 대체로 침묵을 지키는데, 이러한 위임은 권력 분립의 원칙을 침해하는 듯 보인다.[47] 하지만 또 다른 적법성의 근거가 있다. 베버의 권위론을 논의할 때, 합리적-합법적 형태에서는 절차의 기술적 효율성 자체가 적법성의 표현이라고 언급했었다. 민주 제도보다 먼저 관료제가 등장했고 엘리트들이 공직을 이끌었던 프랑스와 영국에서는 기술적 효율성이 종종 적법성을 부여하는 역할을 했다. 하지만 미국에서는 역사적 사건이 정반대로 일어나서, 공평무사한 전문 지식이 관료제의 존립을 위해서 실용적으로 정당화되었던 것은 오직 1930년

46) Tilly, *Stories, Identities, and Political Change*, p. 13.
47) Hannu Nurmi, *Comparing Voting Systems*, Dordrecht: D, Reidel, 1987, pp. 2~3.

대 대공황이란 상황에서뿐이다.[48] 하지만 그 당시에도, 전문 지식(선출직 공무원들이 가지고 있는 일반적 지식의 반대로서)에 대한 불신 때문에 관료 제란 표현이 미덥지 않게 되었다. 그래서 적법성에 대한 또 다른 표현이 곧바로 등장했다. 그것은 관료제에서 사용되는 **절차의 공정성** 그리고 이러 한 절차들이 모든 위원회와 기관들에서 표준화되는 정도이다. 이러한 문 제들은 1946년 행정절차법으로 명문화되었다. 투표 절차의 공정성과 마 찬가지로 전문적 사항들이 연관되어 있듯이, 이 문제는 '공정'이란 단어의 의미를 협상하는 것이 아니다. 예를 들면, 규제 기관에서 지휘하는 청문회 에서 같은 구성원들이 판사와 검사 역할을 하게 되면 편견이 개입될 수밖 에 없게 된다. 그래서 행정 절차법은 행정적 정의의 적법성을 증진시킬 수 있도록 그러한 이해의 충돌로부터 자유로운 청문회 심사관을 별도로 두 도록 하고 있다.[49]

육체적 처벌이나 감금이 개인들에게 권한을 집행하는 데 사용될 수 있듯이, 중앙 정부가 관료나 지방 공무원들로부터 협력을 확보하기 위해 군대나 경찰 조직을 활용할 수 있다. 하지만 물리적 힘에 조직적으로 의존 하게 되면 권위가 불안정하다는 신호로 보일 수 있어서, 다른 물질적 구성 요소들이 추가되어 집행과 적법성을 조정해야 한다. 기관장들과 입법자 들은 다양한 방식으로 관료들을 통제하는 권한을 가지고 있다. 기관장들 은 요직의 임명권과 해임권뿐만 아니라 재정적 자원에 대한 통제권을 갖 는다. 입법자들은 관료제를 **설계**함으로써 통제력을 발휘할 수 있다. 즉, 입

---

48) James O. Freedman, *Crisis and Legitimacy: The Administrative Process and American Government*, Cambridge: Cambridge University Press, 1978, pp. 16~19.
49) *Ibid.*, pp. 44~46.

법자들은 부정과 태만을 막을 수 있는 장려책을 새로운 기관의 목표와 법률적 형태를 결정하는 법적 권한으로 만들 수 있다. 기관장-기관 모델에 기초한 사려 깊은 양적 연구를 통해서 행정 조직과 입법 조직은 그러한 능력을 가지고 있을 뿐만 아니라 그 능력을 실제로 발휘한다는 것을 알게 되었다.[50] 의회도 역시 관료제의 효율성을 감시하는 위원회를 감독해 왔고 법원은 행정적 정의가 수행될 때 정당한 법 절차가 존중받을 수 있도록 하기 위해서 사법적 심리를 수행할 수 있다.

영토화 과정을 고려할 때, 개별 정책의 정체성과 조직 자체의 배치의 정체성을 구분하는 것이 중요하다. 상대적으로 정치적인 관료제의 자율성은 개별 정책의 정체성을 안정화하는 요인은 분명 아니지만 조직적 배치의 정체성을 안정화하는 요인이 된다. 실적제와 직업 공무원 제도가 1883년 미국에서 제도화되기 전에, 관료제의 직위들은 선거에서 승리한 사람에게 주어지는 전리품으로 간주되었다. 그러한 '전리품 시대'에, 전체 배치의 정체성은 여론의 단편적 변화에 영향을 받을 수도 있었다. 하지만 정치로부터 일정 정도 단절되자, 관료제는 연속성과 장기적 일관성의 근원이 되었다. 어떤 의미에서, 관료 기관을 성립시켜 준 법적 권한은 선출직 공무원들과는 다른 정책을 반영할 수 있어서, 정치와 단절된 덕분에 도처의 각기 다른 행정기관들은 정책 통합 메커니즘을 갖게 되었다.[51] 관료제의 상대적·정치적 자율성이 어느 정도는 불균형한 전문지식에 기초하고 있다는 점에서, 중요한 영토화 과정은 공무원들의 **직업화**, 나라마다 다른 형태를 취하는 직업화이다. 예를 들면, 프랑스에서는 잠재적 공직 후보

---

50) *Ibid.*, pp.129~130, pp.161~176.
51) Wood and Waterman, *Bureaucratic Dynamics*, pp.33~37.

들에게 단결심을 주입시키는 공교육 기반의 엘리트 대학과 폴리테크닉 (공과 대학)의 공직자 양성 과정이 직업화와 긴밀하게 연관되어 있다. 영국에서는 전문 지식이 신입 사원들에게 전달되는 직장 내 연수, 현직자들이 아니라 직무 자체에 충실하도록 훈련하는 학습 과정을 통해서 직업화가 이루어졌다.[52]

내부로부터(정치 혁명처럼 외부로부터가 아니라) 이러한 배치들의 정체성에 영향을 주는 탈영토화 과정 중에는 쿠데타와 헌정 질서의 위기가 두드러진다. 쿠데타는 다른 정부 조직, 즉 대체로 군사 조직에 의해서, 혹은 군대의 지휘권을 놓고 싸우는 조직들에 의해서 중앙 조직에 물리력이 가해져 정권이 바뀌는 것이다. 쿠데타만이 유일하게 불안정을 초래하는 사건은 아니다. 쿠데타가 끝나도, 새로이 권좌에 오른 사람들은 매우 빈약한 합법성을 갖게 되므로(다른 정부의 조직과 주민들의 눈에 보기에도) 권한 집행의 중요한 도구로서 물리적 강제에 의지해야만 한다.[53] 헌정 질서의 위기는 애매한 선거 결과 때문에 벌어지는 승계권의 위기처럼 매우 다양한 원인이 있을 수 있다. 하지만 위기는 각기 다른 정부 조직들이 서로 싸우게 되는 더욱 복잡한 상황을 초래할 수 있다. 예를 들면, 행정 조직이 입법 조직의 해산을 요구하면서 입법 조직의 적법성을 인정하지 않을 수 있고, 동시에 입법 기관은 대통령 직무의 적법성을 문제 삼아서 대통령의 탄핵을 요구할 수도 있다(1993년에 러시아에서 발생했던 일처럼). 한편 이러한 분쟁은 지방이나 주 정부가 중앙 정부의 명령에 복종하기를 거부하

---

52) *Ibid.*, p.144.
53) Rolf Torstendahl, *Bureaucratization in Northwestern Europe, 1880-1985*, London: Routledge, 1991, pp.203~216.

는 경우처럼 정부의 두 기관이 아니라 다른 지리적 규모에서 작동하는 조직들이 연루될 수 있다. 예를 들면, 19세기에 미국에서 노예제를 둘러싼 분쟁은 기존의 메커니즘(대법원의 결정과 같은)을 통해서는 해결될 수 없었고, 남부 11개 주의 분리 독립이 유발되면서 남북전쟁을 통해서, 그리고 결국 그러한 관행을 불법화하는 헌법 수정을 통해서 해결되었다.

마지막으로 이러한 배치에서 언어적 구성 요소들이 수행하는 역할이라는 문제가 있다. 필자는 위에서 행정, 입법 그리고 사법 조직들이 관료제를 통제하는 다양한 수단을 언급했다. 하지만 이러한 수단들은 대체로 전략적이라서, 전반적 이행을 확보하는 데는 유용하지만 특정한 결과를 결정하는 데는 무력한데, 행정 기관들은 정치로부터 일정 부분 단절하여 중앙에서 결정된 정책을 구체적으로 이행할 수 있기 때문이다. 원본 정책 문서(즉, 법령)라는 모호하지 않게 표현되는 전술적 수단들이 정책 결정의 진정성을 유지하는 데도 사용되어야 한다.[54] 또한 필자는 많은 나라에서 성문화된 형식을 거의 기본으로 하면서 법적 구속력이 있는 **헌법**이나 **기본법**이라는 가장 중요한 문헌을 언급했다. 이러한 법들은 배치의 정체성을 공고하게 할 뿐만 아니라(즉, 법은 영토화의 효과를 보완하기 위해서 코드화 작용을 수행한다), 입법 조직들이 만들어 낼 수 있는 법의 종류를 제한하기도 한다. 이러한 법들은 영국과 이전 식민지에 널리 퍼져 있는 **영미법**과 더 체계적이지만 판례에 덜 얽매여 있는 유럽 대륙과 이전 식민지에 널리 퍼져 있는 **대륙법** 사이의 차이에서처럼 성문화의 정도에 따라서 그리고 관습과 판례가 법 해석에 영향을 미치는 정도에 따라서 다르다. 이런저런 성문법들은 필자가 이전에 논의했던 경제 조직은 물론이고 우리

---

54) David Sanders, *Patterns of Political Instability*, London: Macmillan, 1981, pp.5~10.

가 지금까지 고려했던 여타의 모든 사회적 배치들을 위한 제도적 환경을 형성한다.[55]

　이로써 필자는 조직의 위계적 배치들과 여타의 사회적 존재들 사이의 단편적인 상호작용이라는 문제에 이르게 된다. 각기 다른 상호작용들 가운데 필자는 단 하나, 사람들 사이에 맺어지는 상호작용을 선택할 것이고, 이러한 상호작용이 발생할 수 있는 각기 다른 모든 정치적 상황 중에서 필자는 외재적이든, 내재적이든 무력 충돌에 의해서 발생되는 상황을 고를 것이다. 물질적 측면에서, 이런 상황에서는 신병 모집――자발적인 경우도 있고, 강제적인 경우도 있고――뿐만 아니라 전쟁 비용을 충당하기 위한 과세가 필수적이다. 이러한 목표가 적시된 중앙 정책(결의안 초안, 재정 정책의 변화)은 표적 집단의 반발을 고려해야만 하고, 그래서 그런 정책에는 양해와 정치적 대화가 포함된다. 이 상황은 자원 의존성이란 조항으로 틀을 잡을 수 있다. 조세와 신병 모집은 정부 입장에서 매우 중요한 자원이어서 구성원에게 의존해서 그것을 얻어 왔고, 그 때문에 구성원의 요구에 따르게 된다. 사실, 찰스 틸리에 따르면 이것이 바로 군사적 팽창에 몰두한 정부가 표적 집단들과 협상을 해야 했고 그들의 정치적 참여 요구를 인정해야 했듯이 17세기와 18세기에 유럽에서 근대적 시민권이 성립된 방식이다.[56]

---

55) "법에 명시된 목표와 정책 결정 사이의 불일치가 어느 정도는 불가피하다면, 그러한 차이는 법규가 확실하게 목표를 규정하고, 높은 우선순위를 부여할 호의적인 기관에 임무 수행을 할당해서 거부권의 숫자를 최소화하고 충분한 인센티브를 줘서 반대하는 공무원들을 설득하게 하고, 전문적인 분석을 수행해서 개별 사례들을 정리할 수 있도록 충분한 재정을 지원해 주고, 계획의 목표에 찬성하도록 결정 규칙과 접근점에 선입견을 갖게 하면 해소할 수 있다."(Mazmanian and Sabatier, *Implementation and Public Policy*, p.36)

56) Douglass C. North, *Institutions, Institutional Change and Economic Performance*,

이러한 상황들은 정부와 주민의 단결을 강화시키는 다양한 수단——때로는 상징적이고, 때로는 직접적으로 표현적인——을 필요로 한다. 고전적 사례는 프랑스 혁명에서 군대의 구성에 미친 영향, 즉 용병에서 충성스런 시민군으로의 변화이다. 여러 나라에서 이러한 변화에 영향을 주는 데 사용되었던 수단들은 적법성의 근거에 따라 달랐다. 베버가 주장했던 두 가지 형태의 적법성, 전통적 형태와 합리적-합법적 형태는 더큰 규모에 해당한다. 어떤 나라에서는 주민을 통합하는 연대 의식이 상속되거나 오랜 전통에서 나온다. 그래서 '민족'이 '국가'에 앞선다. 또 어떤 나라에서는 이러한 연대가 같은 법을 공유한다는 점에서 나타난다. 즉, '국가'가 '민족'에 앞선다.[57] 국가에서 민족으로의 길을 따른 나라들(프랑스나 영국처럼)은 새롭게 만들어진 애국심이란 표현(국기, 맹세, 국가, 국경일, 군대 열병식, 공식 기념식)을 선호하는 경향이 있다. 민족에서 국가로의 길을 따른 나라들(독일)은 좀 더 대중적 표현들을 선호하는 경향이 있어서 지식인들이 만들어 낸 대중적 요소들을 일관되게 종합해서 사용한다. 하지만 베버의 이념형이 순수한 형태로는 거의 존재하지 않는 것처럼 민족 통합의 근원으로서 혈통과 법은 결코 서로를 배제하지 않는다. 대부분의 나라들에서는 전쟁을 하기 위해 주민을 불러 모을 때 두 가지 적법성의 근거를 혼합해서 사용했다. 그리고 궁극적으로, 특정 정부가 표현적 수단을 어떻게 조합해서 사용했는지와는 무관하게, 애국심은 궁극적으로 나라를 위해서 기꺼이 목숨을 바친 시민들이 전쟁터에서 용감하게 표출해서 보여 주었다.

New York: Cambridge University Press, 1995, pp. 120~131.
57) Tilly, *Stories, Identities, and Political Change*, p. 129.

무력 충돌의 실재 혹은 위협은 그 자체로 강력한 영토화하는 힘으로 정부와 서로 밀접한 계급 뒤로 사람들을 결집시킨다. 공동체를 묶어 주는 연대는 다른 공동체와 충돌하게 되면 사회적 배제로 바뀌어 '우리' 대 '그들'이란 의식이 뚜렷해지듯이, 외적 전쟁 때문에 국가의 전통과 제도에 대한 단순하고도 감정적인 애착심이 적국과 적의 동맹국에 대한 상대적 우월감으로 바뀔 수 있다. 타자와의 비교가 필요치 않은 충성심은 적대감과 외국인 혐오로 바뀐다. 한편 내전은 지속적인 폭동과 소요로 정부를 불안정하게 하거나 성공한 정치 혁명에서처럼 하나의 정권에서 다른 정권으로 정부의 정체성을 극적으로 바꿈으로써 탈영토화하는 힘으로 작용할 수 있다. 쿠데타와 달리, 혁명은 정부 조직들 사이의 상호작용을 넘어선다. 최소한의 배치, 과거의 혁명에서 반복되는 배치는 상대적 번영의 시기를 거쳐 기대감이 증가하다가 결핍의 시기에 기대감이 좌절된 사람들, 지배적인 연합체와 이들에 도전하는 사람들 사이의 투쟁, 재정 위기와 열악한 경제 혹은 외국에서의 군사적 패배 때문에 집행 능력이 감소한 정부 조직이 드러내는 약점[58]을 포함한다.

특정 국가의 시민들에게 외부와의 전쟁은 '우리' 대 '그들'이라는 영토적 위치에 대한 분명한 의식 없이도 외국인을 혐오하는 신념을 형성할 수 있다는 점에서 명확한 공간적 차원을 갖지 않을 수 있지만, 영토적 기반이 빈약한 테러 조직에서 나온 위협이 아니라면, 이러한 사례는 정부 조직에게는 전형적이지 않다. 하지만 근대적 정부 조직의 역사에서, 정부의

---

58) T. K. Oommen, *Citizenship, Nationality, and Ethnicity*, Cambridge: Polity Press, 1997. 국가 주도의 민족주의와 국가가 쫓아가는 민족주의의 차이에 대해서는 p.34를 참조하고 구체적 사례에서 혼합된 내용에 대해서는 pp.135~145를 참조하라.

계층 질서는 민족 국가, 왕국이나 제국과 같은 구체적이고 지리적인 실체 안에서 작동되어 왔다. 더욱이, 17세기 30년 전쟁을 끝냈던 평화 협정 이후에 서구에서 발전되었던 국제법은 제한된 공간적 영토 내에서 인정되는 주권의 법률적 정의 그리고 각기 다른 조직적 계급들이 직면해야 하는 군사적 기회와 위기를 명시하는 지정학에 기반한 전략적 문제처럼 공간적 문제와 긴밀하게 연관되어 있었다. 따라서, 우리는 배치의 공간적 측면을 참조하지 않고는 분석할 수 없는 한계에 도달했다. 필자는 건물과 인근 지역에서부터 도시와 도심지를 형성하는 계층 질서와 네트워크에 이르기까지, 상대적으로 작은 규모에서 배치의 공간적 측면을 다루어 봤으므로, 다음 장에서는 정부 조직과 근대 국민 국가를 만들어 낸 과정을 분석할 것이다.

5장 _ 도시와 국가

인적 네트워크와 제도적 조직들은 통신 기술 덕분에 먼 거리에서도 명시적 연결 고리와 형식적 위치가 만들어지고 유지되기 때문에 공간적 장소를 참조하지 않고도 연구할 수 있다. 하지만 좀 더 큰 규모로 넘어가 보면 공간적 관계가 중요해진다. 예를 들면, 사람들, 네트워크 그리고 조직들로 구성되는 도시와 같은 사회적 존재들은 일정 정도 공간적 관계에 의해서 규정되는 건물들, 거리 그리고 물질과 에너지가 순환하는 다양한 도관들 따위의 물질적 기간 시설 없이 개념화되기 어렵다. 사실, 1920년대 저명한 시카고학파가 도시의 맥락에 관한 연구를 시작하면서 영토권을 통해서 발생된 사회적 관계에 눈을 뜬 사회학자들은 양자(사회적 관계와 영토권)를 시간이 흐르면서 습관적·관례적 실천에 의해서 구조화되는 공간적 장소나 부지로 보았다.[1] 더 최근에는 도시 지리학자들의 연구에 일정 정

---

1) Robert E. Park, "The City: Suggestions for Investigation of Human Behaviour in the Urban Environment", eds. Robert E. Park and Ernest W. Burgess, *The City*, Chicago, IL:

도 영향을 받은 앤서니 기든스와 같은 사회학자들이 이 주제로 돌아와서, 영역화된 현장(regionalized locale)이란 개념을 통해서 사회적 영토를 재개념화했다. 기든스는 다음과 같이 주장한다.

현장이란 상호작용의 무대, 즉 **맥락화**를 명시하는 데 필수적인 상호작용의 무대를 제공하기 위한 공간 활용을 지칭한다. 현장은 집안의 방이나 거리의 모퉁이, 공장의 작업장, 마을이나 도시에서부터 민족 국가에 의해 점유된 영토적으로 경계가 표시되는 지역에 이르기까지 다양할 수 있다. 하지만 현장은 전형적으로 내재적으로 지역화되고 현장 내의 지역은 상호작용의 맥락을 구성하는 데 가장 중요하다. … 장소 대신에 '현장'이란 용어를 사용하는 이유 가운데 하나는 행위자들이 공간과 시간 안에서 만남이 이루어질 때 상습적인 방식으로 장소의 속성을 활용하기 때문이다. [현장은] 만남이나 사회적 계기의 지속 때문에 행위자의 물리적 이동 궤적이 방해를 받거나 단축될 수 있는 '정류장'이 될 수 있다. … '영역화'는 단순히 공간의 지역화(국지성)로서가 아니라 일상화된 사회적 관행과 관련된 시공간의 구역 설정을 언급하는 것으로 이해되어야 한다. 그러므로 어느 개인의 집은 전형적인 나날을 보내는 과정에서 거대한 상호작용의 '정거장'이 되는 현장이다. 현대 사회의 집들은 마루, 복도 그리고 방들로 영역화되어 있다. 하지만 집의 다양한 구역은 시간과 공간에 따라 다른 구역이 된다. 아래층의 방들은 대체로 낮 시간에 사용되는 특징이 있고, 침실은 개인들이 밤에 '물러나 있는' 곳이다.[2]

University of Chicago Press, 1984, pp.4~6.
2) Giddens, *The Constitution of Society*, pp.118~119. 기든스가 영역화된 현장을 다루는 방

사회적 리듬에 의해 일정 시간이 흐르면서 구성된 물리적 영토처럼 영역화된 현장이라는 기든스의 설명은 만일 그 정의가 현장과 영역이 서로 구별되는 표현적 요소들로 확장된다면 그 자체로 정확하게 배치적 접근법이 된다. 하지만 주기적인 일과를 강조한 부분에서 문제를 제기하는 듯 보인다. 필자는 앞 장에서 가장 평온한 상황을 제외하면, 일상적 행위는 사회적 행동을 설명해 주는 신중한 의사 결정으로 보완되어야 한다고 주장했다. 그러나 인간의 행위가 도시 구성 요소라는 형태에 미치는 영향을 연구하면서, 역사학자 페르낭 브로델이 상기시켜 주듯이 일상적 활동을 강조하는 것은 도시 형태들이 매우 느리게 변화하는 경향이 있기 때문에 정당화된다. 즉, "어디에나 존재할 수 있는 집은 오래 지속되는 것이며, 보존되고 유지되며 반복되는 문명과 문화의 느린 속도를 여실히 증명해 준다."[3] 이렇게 느린 속도를 감안하면, 도시에 일상적 리듬을 부여하는 일 하러 가는 길이나 물건을 사러 가는 길처럼, 매우 규칙적이어서 장기적으로 도시의 형태에 영향을 줄 가능성이 있는 인간의 활동을 강조하는 것은 정당해 보인다. 다른 한편, 우리는 이렇게 느린 속도가 역사적으로 가속되

식은 들뢰즈와 가타리의 영토 개념을 다루는 방식과 유사하다. 두 사람은 이 개념을 동물의 영토와 관련해서 발전시켰지만 이러한 사례에만 국한하지는 않는다. 유사점을 살펴려면, 리듬이 있거나 주기적인 일과와 관련된 기든스의 개념에 경계라고 하는 표현적 표지를 첨가해야만 한다. 이런 의미에서, 영토는 '표현적으로 되어 가는 리듬의 행위'이다.

Deleuze and Guattari, *A Thousand Plateaus*, p.315와 비교하라. 실제로, 영토적 배치의 정의에는 세 가지 요소가 있다. 제한적 공간을 조직하기 위해서 불확실하고 깨지기 쉬운 중심 주변의 원을 그리며 경계를 표시함으로써, 영토로 만들어지는 구성 요소의 주기적 반복에 의해서 구성되는 시공간의 틀이 필요하다. 그리고, 리듬과 경계뿐만 아니라, 원을 만들어 낼 가능성, 경계의 틈을 통해서 과감하게 고향을 떠날 가능성이 있어야만 한다. 물론, 이것은 배치를 미래의 가능성이나 심지어 정체성의 변화에 열어 놓을 수 있는 탈영토화의 과정에 해당한다.

3) Fernand Braudel, *The Structures of Everyday Life*, Berkley, CA: University of California Press, 1992, p.267.

는 경우를 보게 되면서, 일상성에 선택권을 추가해야만 하는데, 도시의 형태가 변화하는 과정에서 발생하는 가속은 전통과의 단절과 그에 따른 신중한 계획을 함축하기 때문이다.

이제 개별적인 건물에서 출발해서 영역화된 현장을 배치 이론에 따라 분석해 보자. 건물들의 물질적 역할은 무엇보다도 **하중을 견디는 구조**가 가능하도록 해주는 구성 요소를 통해서 수행된다. 몇 층짜리 건물의 경우에, 벽 자체가 기둥이나 들보와 결합되어 그러한 임무를 수행하지만, 규모가 큰 정부 건물이나 종교 건물 그리고 회사 건물들은 높아질수록 더욱 정교한 기술을 활용해야 한다. 마천루의 설계자들이 잘 알고 있듯이, 일단 임계 높이에 도달하게 되면 형태를 급격하게 변화시켜야 한다. 그래서 1850년대부터는 철골을 서로 교차하여 사용함으로써 하중을 견디는 임무로부터 벽을 해방시켜서 단순히 커튼 역할을 하도록 변형시켰다. 물질적 역할을 하는 또 다른 구성 요소들은 건물의 영역을 **연결**해 주는 요소들이다. 만일 현장이 개개인의 일상적인 통로들을 모아 주는 정거장이라면, 그것들을 다시 더 작게 나누어 주는 영역들은 사람과 다양한 물질적 존재들이 순환하도록 서로 연결되어 있어야 한다.[4] 단순 주거지의 경우에, 이런 식의 연결은 사람들의 흐름을 결정하는 문, 복도, 계단 그리고 공기와 빛이 순환하는 창문을 통해서 이루어진다. 한편 고층 건물의 경우에는 내부적으로 운송 기술이 필요하다. 그래서 내부에 금속 골조가 도입되었던 것과 같은 시기에 구형 기계식 승강 장치들이 초기의 엘리베이터로 바뀌면서 건물의 수직 연결 장치에도 그에 상응하는 변화가 생기게 되었다.

---

4) James E. Vance Jr., *The Continuing City: Urban Morphology in Western Civilization*, Baltimore, MD: Johns Hopkins University Press, 1990, pp. 24~25.

연결 장치의 변화는 특정 현장에서 수행되는 사회적 활동에도 다양한 방식으로 영향을 준다. 예를 들면, 페르낭 브로델은 18세기에 주거용 건물의 연결 장치가 극적으로 변화하면서 동시에 방의 기능이, 특히 침실이 완전하게 분리된 영역이 되면서 더욱 특화되었다고 주장한다. 그의 주장대로, 새로운 연결성은 이전 건물들의 특징과 날카롭게 대비되었다.

17세기 페르시아의 도시 주택의 경우에, 웅장한 2층은 집주인을 위해 마련되었고, 모든 방들 ──대기실, 객실, 회랑 그리고 침실 ──이 열려 있어서 서로 분간하기가 어려웠다. 집안 심부름을 도맡아 하는 하인들을 포함해서 모두가 방들을 일일이 통과해야 계단에 도달할 수 있다.[5]

100년이 지난 후에, 함께 사용되는 방들도 있었지만 문이나 복도가 각기 다르게 분배됨으로써 일정 정도 집안의 일상적인 순환이 제한되면서 엄격하게 사적으로 사용되는 방들도 있었다. 어떤 의미에서, 사생활은 이런 식으로 현장이 새롭게 영역화되면서 생겨났다. 비거주용 건물의 경우에, 회사들이 많은 숫자의 노동자들을 수용할 만한 건물을 근처에 확보할 수 없을 때마다 고용자들의 순환 방식을 수평적 형태에서 수직적 형태로 바꾼 엘리베이터를 통해서 연결성이 변화되었다. 도시 지리학자 제임스 반스(James Vance)는 다음과 같이 주장한다.

금융가에서는 기계식 승강기가 매우 중요하다. 왜냐하면 단일한 조직이나 공통적으로 연관된 적당한 숫자의 조직에 속한 다소 분명하게 확정

---

5) Braudel, *The Structures of Everyday Life*, p.308.

된 고용자 집단이 상당 부분 내부적으로 이동하기 때문이다. 이런 상황에서는 법률 공동체, 의료 공동체, 심지어 아주 거대한 보험 회사를 수용하기 위해서 세워진 건축물들처럼, 걸어 다니는 구역의 경계가 몇 개의 인접 건물로 한정될 수 있다. … 뉴욕이나 시카고에 세워진 가장 초기의 마천루들이 대부분 보험 회사로 건설되었고 그중 초반에 지어진 건물들에는 엘리베이터가 설비되었던 것이 내게는 결코 우연의 문제로 보이지 않는다. 대도시의 거대 신문사들도 마천루의 건설에 일찍부터 뛰어들었는데, 건물 꼭대기에서부터 엄청난 숫자의 노동자들을 몰아넣으면 엘리베이터를 통해서 빠른 인적 의사소통을 확보할 수 있다는 것을 알았기 때문이다.[6]

내부 운송 수단의 도입 역시 표현적 효과를 갖는다. 예를 들면, 파리에서 엘리베이터보다 먼저 건립된 아파트 건물 등은 높은 층에 살수록 거주자의 사회적 지위가 낮아지는 명백한 수직적 계층화를 보여 주었다. 엘리베이터가 도입된 후로 지역의 계층화가 역전되어, 높은 층의 아파트에 살수록 지위도 높아지게 되었다.[7] 여타의 표현적 구성 요소들은 그 건물을 통해서 수용되는 활동에 따라 다르다. 주거용 건물의 경우에, 내부 영역의 독특한 가구와 벽, 마루, 천장의 장식 처리는 사회 계급의 영토를 표시하는 역할을 했다. 브로델이 상기시켜 주었듯이, 르네상스 시대 이탈리아의 귀족 가정에서 볼 수 있는 허세를 부리는 듯한 과시는 사실상 사치를 지배의 수단으로 활용하는 방식이었다. 하지만 그가 계속해서 주장하듯,

---

6) Vance Jr., *The Continuing City*, p.416.
7) *Ibid.*, p.378.

이러한 사치는 순전히 표현적인데, 수 세기가 지난 후에야 비로소 사치는 물질적 위안과 연관되었기 때문이다.[8] 공공건물의 경우에, 특히 중요한 사례는 성당, 교회, 모스크, 유대교 예배당, 즉 예배를 드리고, 행렬 기도식을 하거나 종교 의식을 거행하는 데 사용되는 현장이다. 이러한 건물들은 기하학과 비율을 표현적으로 사용함으로써 신성한 영역과 세속적 영역을 분명하게 구획해야 한다. 예를 들면, 중세 유럽에서는 스테인드글라스 창에 들어 있는 십자가 모양의 형상, 회랑과 규칙적인 패턴들은 모두 신성한 영역을 알려 주는 표시들이었다. 이러한 공간의 표현들은 종교적 표현들과 공존했다. 예를 들어서, 영국의 고딕 성당에 있는 부채꼴 모양의 둥근 천장에는 위쪽으로 퍼져 나가는 서까래가 붙어 있어서 툭 트이고 위로 올라가는 듯한 움직임을 표현해 주어 신성한 영역을 표시하는 데 아주 잘 들어맞는다. 당연히 이러한 물리적 표현은 언어적 표현(예를 들면, 하늘이 땅 위에 있다는 믿음)과 함께 작용해야 하지만, 물리적 표현이 언어적 표현들로 환원되지는 않는다.

이러한 배치의 정체성을 안정시키거나 불안정하게 만드는 과정들은 무엇인가? 유럽의 빈자들 사이에서는 물론이고 중국, 인도 그리고 이슬람 문명에서, 건축 기술과 재료뿐만 아니라 가구와 여러 내부 장식 요소들의 진화에 관한 한, 전통의 중요성은 거의 압도적으로 안정화되어 있는 듯이 보인다. 진화는 냉랭한 속도로 발생했다. 한편 유럽 부자들에 국한되었던 유행의 탄생은 처음에는 탈영토화하는 효과를 가지고 있었다. 비록 1700년대가 돼서야 유행의 변화 속도가 오늘날 우리에게 익숙해진 속도와 비슷하게 되었지만, 유행 때문에 건물의 내부와 외부 장식이 진화하는 속도

---

8) Braudel, *The Structures of Everyday Life*, p.310.

가 매우 가속화되었다.[9] 유행의 이면에 숨어 있는 추동력은 단순히 몸이나 가정을 치장하는 방식을 통해서 사회-계급의 영토를 표시하려는 욕망뿐만 아니라 유럽에서 부유한 상인이나 장인들의 사회적 이동이 증가함에 따라 위협을 받는 상황에서 귀족들이 자신들을 구별해 줄 수 있는 표현적 표시 장치를 알게되었다는 사실로부터 나온 것이었다. 이러한 상황은 군비 경쟁의 상승을 초래했다. 브로델은 다음과 같이 쓰고 있다.

나는 항상 유행이란 대체로 비용이 얼마가 들든지 쫓아오는 대중들로부터 스스로를 구별하고 장벽을 치려는 특권층들의 욕망에서 나오는 것이라고 생각했다. … 뒤쫓아오는 사람들과 따라 하는 사람들에게서 받는 압력 때문에 속도가 빨라지게 되었다. 그리고 만일 상황이 그러하다면, 그것은 번영 덕분에 상당수의 **신흥 부자**들에게 특권이 돌아갔고 그들을 맨 앞으로 떠밀었기 때문이다.[10]

건물의 정체성을 탈영토화하는 또 다른 과정은 시간적 리듬을 부여하는 일상에서의 급격한 변화이다. 권위 구조를 가진 조직의 경우에, 정당화 혹은 집행의 관행에서 발생하는 변화는 현장의 정체성에 영향을 줄 수 있다. 17세기와 18세기에 새로운 집행 절차가 과거의 집행 절차를 대체하자, 공장, 감옥, 병원 그리고 학교 건물 안의 뚜렷한 영역화와 연결성이 발생하였다. 미셸 푸코가 주장하듯이, 이러한 건물들은

---

9) *Ibid.*, p.317.
10) *Ibid.*, p.324.

단순히 보여지기 위해서(과시적인 궁전 같은) 혹은 외부 공간을 감시하기 위해서(요새의 기하학을 참조하라)가 아니라 내부적으로 분절되어 있어서 세밀한 통제를 가능하게 하고 그 안에 있는 사람들을 볼 수 있도록 지어진 구조이다. 감금과 포위를 위한 과거의 단순한 계획——출입을 통제하는 두꺼운 벽과 육중한 문——은 구멍들, 가득 차거나 텅 빈 공간, 통로와 투명 유리를 염두에 두면서 대체되기 시작했다.[11]

우리는 사무실 건물과 같은 유형의 현장으로 이러한 견해를 확장할 수 있다. 예를 들면, 관료들의 신체 역시 각자의 사무실에서 움직이지 않게 고정되어서 업무와 직접적으로 관련되지 않은 활동으로부터 분리되도록 공간적으로 분산되어 분포되어야만 한다. 기든스는 "사무실이 물리적으로 분리되어 있기 때문에 각자가 다른 사람들로부터 격리되고 그 안에 있는 사람들에게 자율성의 기준을 부여하여 강력한 위계의 표시자로 작용한다"고 주장한다.[12]

유행이나 공간의 훈육적 활용에서 생겨난 변화들은 이미 건물들이 유사한 배치의 집합성 속에 존재한다는 사실을 지적해야겠다. 왜냐하면 두 가지 경우에서 우리는 새로운 형태들이 시간이 흐르면서 전체 집단을 통해서 어떻게 전파되는지에 관심이 있기 때문이다. 이러한 건물의 집합은 거주 지역, 상업 구역, 산업 구역 혹은 정부 구역, 심지어는 홍등가 등의 도덕 자유 지대와 같은 더 큰 배치들을 형성한다. 이렇게 더 큰 배치들에서는 어떤 구성 요소들이 물질적 역할이나 표현적 역할을 하는가? 물질적

---

11) Foucault, *Discipline and Punish: The Birth of Prison*, p.172.
12) Giddens, *The Constitution of Society*, p.152.

측면에서 우리는 이웃들의 삶의 경로가 주기적으로 교차하는 정거장(지역 광장, 교회, 선술집, 가게)은 물론이고 그것들 사이에 필수적 연결성을 제공하는 거리들을 규정하는 모든 물리적 현장들을 열거해야만 한다. 수도관과 하수관 그리고 초기 가로등용 가스관을 시작으로 19세기에는 모든 지하의 기반 시설들이 추가되었고 20세기에는 전기선과 전화선이 가설되었다.

표현적 측면에서, 이웃의 개성을 규정했던 것은 바로 건물의 외관, 즉 파사드의 장식이었다. 길거리가 좁고 구획이 복잡한 미로를 형성하는 거주 지역에서, 집의 앞면은 다소 평범하게 유지되었다. 그래서 외관을 표현하는 행위가 공공건물에서 최초로 등장했다. 이런 건물들은 주로 주변 공간에 전망이 열려 있는 중앙 광장에 위치했다. 그래서 비일상적인 시각 경험의 기회를 주었고 이러한 효과는 교회나 행정 건물 혹은 기념물로 향하는 직선 거리 덕분에 강화되었다. 귀족들의 거주 건물들은 유럽의 부자들이 개인 집의 위치를 찾으면서 의도적으로 눈에 잘 띄는 부지를 고르기 시작하는 15세기까지 공공건물과 결합되었다. 이러한 건물들 주변에는 충분한 공간이 남아 있어서 표현적 과시가 가능하고 계급 사이의 경쟁이 불붙자 비로소 외적 표면을 건드리기 시작한다.[13] 마을의 중앙 광장은 전망을 여는 것뿐만 아니라 또 다른 표현적 역할을 했다. 그것은 주거지의 위치를 결정하는 중심이었고 중심에 가까이 갈수록 더 큰 사회적 명망을 표현하는 것이었다. 이렇게 중앙에 배열하는 방식은 중세 유럽 마을의 특징이었지만 알프스 남쪽에서 더욱 널리 퍼져 있었다. 북쪽에서는, 상인들이나 장인들이 정착지를 차지하고 있던 장소와 장터가 도시의 중앙을 차지

---

13) Vance Jr., *The Continuing City*, p.175.

하고 있던 장소 그리고 그곳으로의 접근 가능성이 바람직한 위치라고 결정되었다. 사회적이라기보다는 기능적인 이런 식의 분리는 특히 중세 말기에 유럽 내의 낙후된 지역을 경제적으로 식민지화하는 수단으로 활용되었던 '바스티드'(bastides)라 명명된 계획도시에서 평등주의적 형태의 표현성을 초래했다.[14]

다음으로 우리는 경계를 날카롭게 구분하고 특정 지역의 내적 동질성을 증가시켜 주는 과정들을 열거해야 한다. **통합과 분리**의 과정은 이런 식으로 영토화하는 기능을 수행하는 과정들 사이에 있다. 제임스 반스는 다음과 같이 주장한다.

도시에서 출현한 활동들은 내면화된 관계들에 의해 모임으로 끌어들이는 제한적으로 전문화된 영역 안에서 합쳐지는 경향을 강하게 보인다. 공유 자원을 활용하고, 공동 거래처에 판매하고, 특정 종교를 실천하든 혹은 특정 언어를 말하든, 제도적 관행은 내부적으로 유인되어 규모의 문제에 매우 민감한 모임의 과정을 결정한다. 특정한 일을 하는 소수의 사람들은 통상 모임을 갖지만, 뚜렷한 모임 안에서 모이는 것은 아니다. 사람들의 숫자가 지역적으로 광범위한 패턴을 제시하는 지점까지 증가하면, 지리적 모임이 목격될 수 있다. … 그에 반해서 모임은 외부적 힘에 의해 유인된 표면적으로 유사한 개인들의 광범위한 집단이다. 한데 모이지 않으면, 사람들은 강제로 분리된다.[15]

---

14) *Ibid.*, p.120, pp.184~185. "상호 접근 가능하고 균형 잡힌 도시 배치는 기능적 평등성과 강력한 방벽의 더욱 구체적인 표현들 가운데 하나라는 것이 바스티드에서 배웠던 중앙의 형태학적 진실이었다."(*Ibid.*, p.200)

15) *Ibid.*, pp.36~37.

상업 지역과 산업 지역은 주로 통합과 분리의 과정에 종속되어 있다. 비슷한 기술과 교역은 전통적으로 모여드는 경향이 있고 도축과 같은 유해한 활동은 제도적 분리의 대상이 되곤 했다. 그러나 주거 지역 역시 이러한 과정을 통해서 비교적 잘 규정된 경계와 내적으로 균일한 구성 요소를 획득한다. 분리가 제도화된 경우는 아마도 가장 분명한 사례일 텐데, 이런 경우에 지역의 경계와 구성 요소 둘 다 법률에 의해 성문화되고 정부 조직에 의해 강화된다. 하지만 거주자들이 상대적으로 통합된 지역에서 살고자 하는 욕망이 있다고 가정할 때조차도 통합은 비교적 동질적인 구성 요소(인종, 민족 집단, 계급, 언어에 의한)가 될 수도 있다. 적극적으로 차별하지 않는 사람이라도 가까운 이웃이나 아니면 지역 전체 비율에서 소수파에 속하기를 선호하지 않는다면, 그 지역의 구성 요소에는 중대한 한 계점이 존재할 것이고 구성 요소를 넘어서 연쇄반응이 발생하면 집단들 가운데 하나가 현장으로부터 이탈할 것이다.[16]

탈영토화 과정의 중요한 사례들이 지리적 이동성과 특정 지역이나 구역의 사용권을 배분하는 지대(地代)의 효과로 늘어난다. 도시 연구를 개척했던 사회학자들이 오래전에 지적했듯이, 분리는 주거 지역의 경계를 날카롭게 하지만 운송 수단은 경계를 흐리게 만드는 경향이 있다.[17] 기계적 운송 수단 때문에 이동성이 증가하는 탈영토화 효과의 좋은 사례는 19세

---

16) 경제학자 토마스 셸링이 밝혀냈듯이, 이러한 과정의 이면에 있는 역학 관계는 서로에게 반응하는 사람들로 이루어진 환경에 반응하는 사람들의 역학 관계이다. 사람들이 유사한 집단과 가까이서 살기를 더 선호한다면, 어떤 지역 안 혹은 밖으로 이동하려고 결정할 때마다 그 지역 자체에 변화를 주게 되어 현재 거주민들과 그곳에 거주하기를 원하는 사람들의 미래 결정에 영향을 준다. Thomas C. Schelling, *Micromotives and Macrobehaviour*, New York: Norton, 1978, ch.4 참조.

17) Park, "The City", eds. Park and Burgess, *The City*, p.9.

기 말에 경험했던 노동 계급 지역의 변화였다. 이 지역들은 걸어서 일하러 갔을 때에는 경계가 분명하게 제한되었지만 노면 전차를 이용할 수 있게 되어 공장 근처에 살아야 할 필요가 없어지자 새로운 노동 계급이 사는 교외는 훨씬 경계가 느슨하게 등장했다. 반스는 이러한 상황을 다음과 같이 요약한다.

> 영국의 산업 도시에 있는 건물과 시설의 근본적인 배치는 몇몇 공장 주변에 펼쳐져 있는 연립주택과 지역 상점 그리고 선술집이 곁들여져 구성된 노동 계급 구역이었다. 위치를 선정하는 요인은 공장이었는데, 노동 시간이 긴 데다가 대부분 걸어서 일터로 갔기 때문이다. 결과적으로 도시나 대도시, 작지만 매우 명확한 지역이 만들어졌고, 일주일마다 혹은 이따금씩 옷가지나, 가정용품, 신선 식료품 등의 물품을 구매하러 시장이나 장외 시장에 가는 것 말고는 모든 사람들의 삶이 여기에서 이루어졌다. 이와 같은 편협한 지역주의가 강화된 것은 노동과 주거 그리고 기계식 운송 수단에 접근할 수 없는 경제적 여건 때문이었다. 19세기 말이 되어서야, 자전거, 전차 그리고 마침내 기차를 이용해서 바닷가로 가는 값싼 여행이 노동자 계급의 삶으로 들어오기 시작하면서, 이처럼 지리적으로 협소한 삶의 틀로부터 눈에 띄게 벗어나게 되었다.[18]

결과적으로 증가한 지리적 이동성은 토지-배정과 토지-사용이 지역의 정체성에 더 급격한 변화를 낳도록 결정되었던 방식과 상호작용했다. 중앙 당국은 항상 자원 할당을 결정하는 임무를 수행하고, 여전히 영토화

---

18) Vance Jr., *The Continuing City*, p.316.

효과를 지니고 있는 지역 규제를 시행한다. 한편 지대는 경제적 투기를 야기하는 유동체가 되면 탈영토화하는 강력한 힘이 되어, 토지 소유를 통해서 발생하는 모든 활동을 고려하지 않고 토지를 소유하게 되므로 비교적 빠르게 토지 이용권을 다른 사람에게 넘기게 된다. 초기의 도시 사회학자들은 이런 현상을 생태학적 과정을 본떠서 **토지 승계**라고 지칭했다. 생태학적 과정에서는 생태계가 식물 혼합의 절정을 향해 성장하면서 특정 식물의 배치가 다른 식물의 배치에 자리를 내준다. 식물 대신에 이 사회학자들은 토지 이용에 관심을 가졌고 도심지로부터 동심원을 그리며 확장한다는 식으로 이러한 승계의 모형을 만들었다. 단순 제조업과 악화되어 가고 있는 주거지가 함께 섞여 있는 과도 지역으로 둘러싸인 중앙의 상업 지구로 중심부는 넘어왔다. 다음으로는 노동 계급 지역이 왔고 그다음에는 중간 계급과 상류 계급 지역이 왔으며 마지막으로 교외 혹은 통근자 지역이 뒤를 이었다.[19]

하지만 이러한 초기의 연구들은 단 하나의 도시(시카고)에만 초점을 맞추었고 승계가 이루어지는 메커니즘을 충분하게 설명하지 못했다. 동심원을 그리는 고리 모형은 도시의 중심으로부터 멀어질수록 수입이 올라가는 경향을 보이는 미국의 많은 도시에는 유효하지만 상황이 정반대인 유럽의 도시에는 유효하지 않다.[20] 이것은 오래된 유럽의 도시들로 설명될 수 있고 필자가 이전에 언급했듯이 유럽의 역사에서는 초기부터 중앙에 가깝다는 것이 특권적이었다는 사실로도 설명된다. 19세기에 주거용이 상업용으로 대체된 것은 일종의 중앙 쇼핑 구역을 만들어 냈던 영토

---

19) Ernest W. Burgess, "The Growth of the City", eds. Park and Burgess, *The City*, p.50.
20) Hohenberg and Hollen Lees, *The Making of Urban Europe 1000-1950*, p.299.

침략이었다. 도매업자의 위치는 항구나 철도역과의 근접성에 따라서 결정되었지만, 소매상의 위치는 보행자의 통행량과 운송 라인의 집중성으로 결정되었다.[21] 중앙 근처의 영토를 장악하게 되면서 소매 자체가 전문점(위치 선정에서 더 자유로운)과 제품 결합 상점 —— 1850년대 파리에 등장했던 최초의 사례인 중심에 위치한 백화점처럼 —— 으로 구분되었다.[22] 게다가, 소매업은 정보 교환과 관련된 활동 —— 정보 교환이 중개인, 은행가, 운반원 그리고 여러 지식 거래 상인들 사이에서 발생하듯이 —— 과 서비스 제공업자들이 찾는 사무 공간을 갖춘 상점들을 놓고 경쟁해야 했다. 결국, 더 높아진 건물 덕분에 상점이 이층을 차지하고 사무실들은 더 높은 층을 차지하면서 이 영토에 수직적 차이화를 부여함으로써 경쟁의 강도가 감소되었다.

토지 승계 과정을 설명하는 것은 이미 개별 지역을 넘어서 집단에 대한 고려나 서로 상호작용하는 지역의 집합성으로 향한다는 의미이다. 더욱이, 이러한 상호작용은 중앙의 현장에 대해서 집단의 구성원들이 차지하고 있는 상대적 위치에 좌우되기 때문에, 토지 승계는 지역과 구역이 구성 부분이 되는 더 큰 규모의 배치(마을과 도시)가 존재한다는 의미를 함축한다. 결과적으로 이렇게 규모가 더 큰 배치의 정체성은 그 안에서 발생하는 승계 과정에 의해서 영향을 받을 수 있다. 필자가 앞에서 언급했듯이 도시의 중앙은 특히 그것이 단 하나뿐일 때는 배치의 정체성을 정의하는 데 커다란 역할을 하는 특권화된 현장이 된다. 중앙 광장의 위치 선정은 교회나 성당처럼 도시 정착 과정에서 핵심적 역할을 하는 건물의 영향을

---

21) Vance Jr., *The Continuing City*, p.409.
22) *Ibid.*, pp.412~413.

받을 수 있고 그러한 범위에서 마을의 역사적 기원을 표현해 줄 수 있다. 마찬가지로, 장터가 중앙을 차지하게 되면, 마을의 상업적 성격이 표현된다. 따라서 어떤 도시가 **하나의 중심성**을 상실하면 그 도시의 역사적 정체성도 영향을 받을 수 있다. 중심의 증식이 1945년 이후 많은 나라에서 교외화 현상으로 발생했고 자동차 이용이 증가하면서 도시의 중심이 소매 영업 활동을 하기에 전망이 어두운 장소가 되어 버렸고 중심에서 멀리 떨어진 위치에 쇼핑센터가 생기는 것이 점점 흔한 일이 되었다.

그러나 교외와 산업 배후지가 확산되기 이전에도, 도시 정착지의 정체성은 주변과의 관계에 의존했다. 비교적 최근까지, 그러한 정체성은 시골과 촌락을 의미했다. 소도시는 기존의 시골 지역 내에서 **합병**(synoecism) 과정을 통해서 나타날 수 있다. 혹은 반대로, **이주**(dioecism) 과정을 통해서는 도시 생활이 주변 지역으로 퍼져 나가면서 이전에는 시골 거주민들이 부족했던 지역에 소도시가 자리를 잡을 수도 있다.[23] 그러나 소도시와 시골의 차이가 시골의 내파(implosion)를 통해서 형성되든 아니면 소도시의 외파(explosion)를 통해서 형성되든, 그 둘을 형성하는 것은 그러한 차이, 즉 일상적 활동이 혼합되면서 그리고 집단의 밀도에 따라 나타나는 차이이다. 일상 활동의 구분은 가장 오래된 노동 구분 형태(한편으로는 농업 활동, 그리고 다른 한편으로는 상업 활동, 산업 활동, 공적 정부 활동)를 기반으로 한다. 지난 2세기 동안, 이러한 활동의 분리는 갑작스럽게 중단되지 않았다. 소도시에서는 채소밭을 가꾸고 울타리 안에서 가축을 키웠고, 촌락에서는 소규모 산업에 종사했다.[24] 인구학적 밀도에

---

23) *Ibid.*, pp.74~77.
24) Braudel, *The Structures of Everyday Life*, pp.484~489.

따른 구분 역시 정확도가 다르게 나타났지만 일정한 의미를 가지고 있었다. 몇몇 큰 시골 마을들은 소도시들보다 규모가 더 크지만 항상 같은 크기의 공간이라도 소도시에 더 많은 사람들이 살았다.

소도시와 시골 사이의 관계는 서로 공급해 주는 자원에 따라서 특징이 나타날 수 있다. 예를 들어, 3,000명의 주민이 사는 중세 도시는 주민들에게 충분한 식량을 공급해 주기 위해서 10개의 시골 마을(즉, 8.5킬로미터)에 해당하는 토지가 필요했다.[25] 하지만 그러한 시골 마을들도 도시로부터 제공받는 편익, 즉 장터에서 제공받는 상업적 편익으로부터 도시의 조직에서 제공해 주는 법률, 의료, 금융 그리고 교육적 편익, 더 나아가서 도시의 성벽이나 군대가 제공해 주는 군사적 보호가 필요했다. 그러나 자원의 상호의존성에도 불구하고, 도시의 특징인 누적적이고 **자가 발전적인 역학 관계** 때문에 도시가 항상 시골 지역을 지배하는 경향이 있었다. 이러한 역학 관계에 관한 모형은 다양하다. 어떤 경우에는 한 장소에서 노동자들의 축적과 그 장소에서 사적이든 공적이든 경제적 투자의 유용성 사이의 상호자극을 강조한다. 또 어떤 경우에는 서로 자원과 용역을 제공해 주고 서로의 제품에 수요가 생기도록 해주는 각기 다른 경제 활동 사이의 상호자극에 초점을 맞추기도 한다. 하지만 이 모든 모델에서, "공간적 집중 그 자체가 중심화를 더 멀리, 지속적으로 지원하는 유리한 경제 환경을 창출한다".[26] 이러한 자가 발전적 역학 관계를 통해서 도시는 시골보다 훨씬

---

25) *Ibid.*, p.486.

26) Masahisa Fujita, Paul Krugman and Anthony J. Venables, *The Spatial Economy: Cities, Regions, and International Trade*, Cambridge, MA: MIT Press, 1999, p.4. 또한 Peter M. Allen, *Cities and Regions as Self-Organizing Systems*, Amsterdam: Gordon & Breach, 1997, p.27.

빠르게 성장할 수 있어서 영향력을 증대하여 자원 의존성의 균형을 깨뜨린다.

사실 도심지에 대한 배치적 분석은 도시나 시골뿐만 아니라 둘 다를 점유하는 지리학적 지역을 고려해야만 한다. 이러한 지역은 배치에서 물질적 역할을 하는 구성 요소의 중요한 근거이다. 특정 도시 정착지의 지리적 부지와 상황은 그 지역에 다양한 객관적 기회와 위기를 부여하므로 지역의 개발과 회피는 사회적 존재들(사람들, 네트워크, 조직)과 물리적·화학적 존재들(강, 대양, 표토表土, 광상鑛床) 사이의 상호관계에 좌우된다. 생태학적 구성 요소들뿐만 아니라, 도시의 기간 시설, 즉 도시의 물리적 형태와 관계성을 형성하는 구성 요소들이 있다. 어떤 도시의 물리적 형태는 단순히 지역들의 집합에서 비롯될 수도 있지만, 도시 관계성의 어떤 측면들(전 도시의 기계식 운송 수단과 관련된 측면들)은 그 자체의 속성을 가지고 있는 경향이 있고 지역들 자체의 형태에 영향을 줄 수도 있다. 가장 좋은 사례는 아마도 기관차일 것이다. 그 거대한 몸집 때문에 멈추는 것은 물론이고 다시 가속하기도 어려워서 보행자 통행량과 서로 맞물려야 할 때마다 지상 혹은 지하 선로 구조물이 필요했다. 동일한 물리적 제약 때문에 기차역 사이에 2~3마일씩 간격을 두어야 했고 이는 곧바로 철도역 근방에서 성장했던 교외의 공간적 분배에도 영향을 주었고 특유의 목걸이 같은 모양으로 공간이 분배되었다.[27]

도시의 배치에서 표현적 역할을 하는 구성 요소는 인근 지역들의 단순한 집합체일 수도 있고 그 이상일 수도 있다. 도시의 주거용 집과 건물들뿐만 아니라 교회나 공공건물들의 장식된 꼭대기가 하늘을 가로지르는

---

27) Vance Jr., *The Continuing City*, p.373.

실루엣을 예로 들어 보자. 이러한 스카이라인이 단순한 집합적 효과일 수도 있지만, 건축적 모티프들이 주기적으로 반복——종탑, 첨탑, 돔과 뾰족 지붕, 심지어 높은 굴뚝, 급수탑, 용광로 원뿔——되면서 주변 풍경의 특징들과 대조되는 이러한 모티프들은 단순한 합 이상의 전체가 될 수도 있다.[28] 어느 쪽이든, 아무리 초라하더라도 스카이라인은 영토적 정체성이라는 일종의 시각적 특징이 되어 수 세기 동안 다양한 경로를 통해서 도시로 들어오는 사람들의 눈에 들어왔다. 이런 상황은 특히 교외와 산업적 배후지 때문에 도시의 경계가 흐려지기 전까지는 진실이었지만, 거대한 마천루를 갖게 된 도시들은 새로운 상황에서도 이런 식의 물리적 표현성을 계속해서 유지한다. 하지만 어떤 경우에는 건축사학자 스피로 코스토프 (Spiro Kostoff)[29]가 상기시켜 주었듯이, 과거와 새로운 스카이라인이 영토적 특징이 되는 과정은 다양한 시각적 표상——동전이나 회화 그리고 관광객용 인쇄물에서 발견되는 것들과 같은——을 포함한다.[30]

　　도시의 정체성을 안정시키는 과정은 물리적 경계의 선명함은 물론이고 경계 안에서 발생하는 인간의 관행, 특히 거주 관행에 의해 형성된 형태와도 관련된다. 예를 들어서, 고대 그리스의 도시에서는 인구의 상당 부분

---

28) 들뢰즈와 가타리는 주기적으로 반복되는 모티프 그리고 외재적 환경과 함께 만들어 낸 대위법을 표현적 구성 요소들이 영토적 배치 안에서 자기 조직화하는 두 가지 방식으로 보고 있고, 여기에는 단순한 특징을 하나의 양식으로 변화시키는 동물 배치가 포함된다. Deleuze and Guattari, *A Thousand Plateaus*, p.317.

29) 캘리포니아대학교 건축역사학 교수였으며, MIT와 예일대학교, 컬럼비아대학교, 라이스대학교에서도 교수로 활동했다. 저작으로는 『건축가: 전문직업인의 역사에 나오는 이야기』 (*The Architect: Chapters in the History of the Profession*, 1977), 『건축의 역사: 장치와 의식』 (*The History of Architecture: Setting and Rituals*, 1985), 『디자인으로 보는 미국』(*Ameica by Design*, 1987), 『짜맞추어진 도시』(*The City Shaped*, 1999) 등이 있다. ——옮긴이

30) Spiro Kostoff, *The City Shaped: Urban Patterns and Meanings throughout History*, London: Bullfinch Press, 1991, pp.284~285.

이 여름이나 경제적 곤궁기에 시골집으로 되돌아갔다. 결국 이러한 관습은 도시 안에서 이웃을 형성했던 통합의 과정에 영향을 주었다. 거주자들은 시골의 원적지에 따라 모이는 경향이 있었고 고향에 대한 충성심을 유지했다.[31] 게다가, 군사적 위협이 닥치면 그리스 도시의 거주자들은 도시의 성벽 뒤로 숨지 않고 흩어졌다. 이런 요인들이 혼합되면서 도시는 시골과 섞였고 그래서 명확하게 구분된 정체성을 가지지 못했다. 이와 반대의 경우는 중세 유럽의 도시를 통해서 살펴볼 수 있다. 중세의 요새화된 성벽은 포위당한 시골 주민들을 보호해 줄 뿐만 아니라 확인되지 않은 외부자들로부터 안심(명백한 분쟁이 없을 때조차, 시민들을 명확하게 내부자로 확인해 주는 감정)할 수 있게 해주었다. 게다가, 거주지가 두 군데였던 사람들이 시민권을 유지할 수 있었던 그리스의 경우와는 달리, 돌로 된 성벽은 시민권이라는 배타성과 특권이 끝나는 지점을 표시해 주었다. 전체적으로 중세 도시들은 현장으로서의 정체성이 훨씬 명확했다. 브로델이 주장하듯이, 이런 도시들은 "서양 최초의 애국심의 진원지였다. 이들이 고취했던 애국심은 장기간에 걸쳐 더욱 일관성을 갖게 되었고 최초의 국가들에서만 서서히 등장했던 영토적 유형보다 훨씬 더 의도적이었다".[32]

고대 그리스의 토착 도시와 성으로 둘러싸인 중세의 도시는 도시 경계가 취할 수 있는 두 개의 극단적 형태를 대표한다. 흥미로운 중간 사례는 교외가 19세기에 흥기하고 20세기에 확산되면서 만들어졌다. 처음에 교외와 산업 배후지들은 다른 상황에서라면 중심을 유지하면서 과거의 정체성을 유지했을 도시의 외곽 경계를 모호하게 만들었지만, 제2차 세계

---

31) Vance Jr., *The Continuing City*, p. 56.
32) Braudel, *The Structures of Everyday Life*, p. 512.

대전 이후 교외가 점유했던 지역과 다양한 토지 이용(소매용·도매용·제조와 사무 공간)이 증가하면서 과거 상업 지역의 특징을 표현했던 복잡한 결합이 다시 나타나게 되었다. 필자가 이전에 지적했듯이, 이러한 과정은 교외 벨트에 새로운 중심을 만들어 냈다. 어떤 경우에, 이런 중심들 주변의 도시 영역은 매우 자족적이어서 거주자들의 일상적 행보는 그들의 경계 안으로 제한될 수 있었다.[33] 따라서 다양한 중심을 가진 도시 공간을 창조함으로써, 교외의 성장——그리고 자동차와 고속도로에 의해서 초래된 관계성의 변화——은 강력한 탈영토화하는 힘으로 작용했다.

통상적으로, 단일하고 개별적인 존재에 대한 배치 분석은 그러한 존재들이 형성하는 집단을 연구해서 보완되어야 한다. 소도시와 대도시라는 모집단의 중요한 속성은 새로운 도시 정착지의 출산율과 구 정착지가 사라지는 비율이다. 이것들은 특정한 지리학적 지역의 전반적인 **도시화 비율**을 결정한다. 유럽의 경우에, 도시화는 11세기와 12세기에 강화되었고 16세기에 다시 가속화되었으며 이어지는 산업 혁명기에 한 번 더 속도가 올라갔다. 1350년과 1450년 사이에, 그리고 1650년과 1750년 사이에, 인구와 도시화의 전반적 비율이 감소했다.[34] 도시 건설의 첫 번째 물결은 봉건제를 배경으로 발생하여 봉건적 관계로부터 일정한 자율권을 얻어 낼 수 있었던 고밀도 지역——도시의 토지는 여전히 주교나 군주에게 속해 있지만 대체로 도시가 지대를 지불했던——뿐만 아니라 도시들이 족쇄를 채울 수 없었던 저밀도 지역을 만들어 냈다.

---

33) Vance Jr., *The Continuing City*, pp.502~504.
34) Hohenberg and Hollen Lees, *The Making of Urban Europe*, pp.20~23(1000년과 1300년 사이의 기간에 대해서); pp.106~107(1500~1800년); pp.217~220(1800~1900년).

고밀도는 봉건적 조직과 맺는 도시의 관계(계약 관계가 증가하고 직접적 종속 관계가 줄어드는)에는 물론이고 도시들 사이의 경제적 상호작용의 강도에도 영향을 끼쳤다. 1000년과 1300년 사이의 기간에, 저밀도 봉건 지역의 도시들(스페인, 프랑스, 영국)은 도시들 사이의 체계적 관계를 발전시키지 못하면서 교역 관계가 대부분 지역적이어서 상대적으로 폐쇄된 정치-경제 영역 안에 머물렀다. 한편 고밀도 지역(북부 이탈리아, 플랑드르, 네덜란드, 독일 일부 지역)에서는 교역이 더욱 규칙적으로 증대되었고, 교역량도 높아졌으며 교역은 훨씬 더 넓은 지역을 포괄했다. 이를 통해서 더 규모가 큰 배치들이 나타날 조건들을 창출하는 도심지들 사이의 더욱 체계적이고 지속적인 관계(도시의 위계와 네트워크)가 발생했다. 도시와 도시 주변의 시골 사이의 차별화는 자가 발전적 축적을 통해서 자원 의존성의 균형을 깨뜨리게 된 것과 마찬가지로, 여타의 누적된 과정들——봉건 조직으로부터 얻어내는 자율권의 차이, 각기 다른 운송 형태의 상대적 속도, 교역의 규모와 강도의 차이와 관련된——덕분에 대칭적 자원 의존성을 가진 도시 인구의 규모가 일률적으로 만들어질 수 없었다.

도시 역학 관계의 형식적 모형에서, 도시마다 인구, 투자, 여러 자원을 포획하는 구심적 과정뿐만 아니라 혼잡, 공해, 통행과 같은 원심적 과정에 직면하듯이, 각기 규모가 다른 도시의 배치들은 균형을 깨뜨리는 사건들이 이어지면서 등장한다. 티핑 포인트(균형을 깨뜨리는 극적인 변화의 시작점)에서, 도시는 폭발적으로 성장할 수도 있고 더 큰 도시의 그늘에서 작은 규모로 줄어들 수도 있다.[35] 컴퓨터 시뮬레이션에서 나타나는 실제 패턴이 특이한 것이 아니라——마치 도시의 역학 관계에 단 하나의 최적화

---

35) Fujita, Krugman and Venables, *The Spatial Economy*, p.34.

된 패턴이 존재한다는 식으로——반대로, 실제로 일어나는 역사적 사건의 결과에 매우 민감한 것이다. 이런 이유로, 도심지의 창발적 패턴은 '시스템의 공간적 구조에서 화석화되어' 균형을 깨뜨리는 이러한 결과의 기억과 마찬가지이다.[36]

이러한 형식적 모형들에 반복적으로 나타나는 패턴, 즉 **중심지들**의 위계는 지리학자들에게 친숙한 것이다. 처음 체계화되면서, 중심지 이론(central-place theory)[37]은 규칙적으로 공간을 차지하는 도심지들 사이의 위계적 관계, 즉 규모가 더 큰 도심지들이 작은 도심지들보다 서비스의 차별화 정도가 더 커지는 관계를 기술하려고 시도했다. 예를 들면, 중세 유럽에서 나타났던 위계질서에서, 가장 작은 도시들은 작은 장터와 교회를 주변 시골에 제공해 주었고 중간 크기의 도시들은 이러한 시장 기능에다가 더욱 세심한 종교적 편익뿐만 아니라 시골 감옥이나 학교(시골 지역뿐만 아니라 등급이 낮은 도시들에도 제공되었던)와 같은 간단한 행정적·교육적 편익들을 첨가해 주었다. 규모가 더 큰 도시들은 다양한 시장, 행정 그리고 종교적 편익을 다변화했고 대학이 제공하는 수준 높은 교육 편익과 같은 새로운 기능들도 추가시켰다.[38] 요컨대 중심지들의 위계에서, 각각의 계층은 더 낮은 계층의 모든 편익과 그 이상을 제공하고, 이렇게 추가된 편익들은 계층을 가로질러 자원 의존성을 창출해 낸다. 자원 의존성에다가 교역을 창출할 수 있는 경제적 의존성을 추가해야만 하는데 대도시들은 일반적으로 소도시들보다 더 다양한 제품들뿐만 아니라 위계의

---

36) Allen, *Cities and Regions as Self-Organizing Systems*, p.53.
37) 독일의 지리학자 발터 크리스탈러(Walter Christaller)가 창시한 이론. —— 옮긴이
38) Hohenberg and Hollen Lees, *The Making of Urban Europe*, pp.51~54.

정점에 있는 가장 큰 도시들이 대체로 지역이나 지방의 수도였다는 사실에서 비롯된 정치적 의존성도 제공하기 때문이다. 육지로 둘러싸인 중심지의 위계 이외에도, 중세 유럽 도시의 주민들 사이의 교역을 통해서 도시가 지리적으로 고정된 중심이 아니라 변화하는 중계지, 합류점 혹은 전초지였던 광범위한 **해양 항구**의 네트워크를 만들어 냈다. 도시사학자 호엔베르크(Paul M. Hohenberg)와 홀렌 리즈(Lynn Hollen Lees)는 다음과 같이 주장한다.

> 주로 제공된 편익의 숫자와 희소성에 의해서 구별되는 유사한 중심들의 위계적 내포화(nesting)가 아니라, [해양 네트워크는] 기능적으로 상호 보완적인 도시들과 도시 정착지들의 배열을 보여 준다. 도시의 핵심적이고 체계적인 속성은 중심성이라기보다는 결절성이고, 위계적 차이는 부분적으로는 크기에서 그리고 더 많은 부분은 지배적인 도시 기능의 본성에서 유래한다. 통제와 혁신은 대부분의 권력과 자격을 상품과 메시지의 전달을 통해서 그리고 마침내 일상적 생산 과제의 수행을 통해서 부여한다. 네트워크 도시들은 멀리에서도 쉽게 통제할 수 있으므로, 도시의 영향력은 근접성과는 거의 관계가 없고 영토에 대한 형식적 통제와는 더욱 관계가 없다.[39]

이러한 네트워크에서 각각의 노드들은 나머지와 공유되지 않는 경제 활동의 부분 집합에서 전문화되었고 지배적인 노드들은 전형적으로 대부분의 이익을 산출했던 활동들을 독점화한다. 이윤율은 역사적으로 다르

---

39) *Ibid.*, p.240.

므로, 공급원이 바뀌거나 유행의 변화로 각기 다른 사치품이 필요하게 되면, 네트워크의 노드에서 벌어지는 활동의 혼합에도 변화가 생겼고 결국 이런 변화가 노드 사이의 지배 관계에도 영향을 미쳤다. 이런 이유로, 지배 노드의 위치 혹은 '중심'은 항상 강력한 해양 항구를 점유하더라도 시간이 흐르면서 변화하였다. 중심을 점유하는 도시는 대체로 다음과 같다. 베네치아는 14세기에 두각을 나타냈고, 이어서 15세기에는 안트베르펜, 16세기에는 제노바, 17세기에는 암스테르담, 이어지는 다음 두 세기에는 런던, 20세기에는 뉴욕이었다.[40] 경제적 전문화 이외에도, 호엔베르크와 홀렌 리즈는 도시 네트워크의 특징으로 장거리 통제, 즉 육로에 비해서 훨씬 빨라진 해로 운송 속도 덕분에 가능해진 공간적 근접성으로부터의 상대적 독립을 언급한다. 빨라진 운송 수단이 함축하는 것은 네트워크의 노드들이 어떤 의미에서 각각 육지로 둘러싸여 뒷마당이 있는 도시들보다 서로 더 가까워졌다는 것이다. 소식, 상품, 돈, 사람, 심지어 전염병까지도, 이 모든 것들이 하나의 중심지에서 다른 중심지로 퍼져 나가는 것보다 더 빠르게 노드에서 노드로 이동하게 되었다.

배치로서, 중심지의 위계와 해양 네트워크는 물질적 역할과 표현적 역할을 수행하는 구성 요소들이 다르다. 물질적으로, 이 둘은 지리적 위치와 연결성이 모두 다르다. 한편 중심지의 지리적 부지 계획을 통해서 중심 위치들은 항상 토지 자원, 특히 농경지에 대한 지배권을 갖는다. 이와 대조적으로, 해양 네트워크의 도시들, 특히 지배적인 노드들은 이런 면에서 상대적으로 빈약했다. 베네치아는 생태적으로 매우 척박했기 때문에 처음부터 교역을 할 수밖에 없었다. 암스테르담은 지속적으로 바다로부터

---

40) Braudel, *The Perspective of the World*, pp. 27~31.

땅을 매립해야만 했다. 연결성의 측면에서, 도로는 위계의 등급에 따라 중심지들을 연결했다. 작은 도시들을 지역의 수도와 직접적으로 연결해 주는 육로는 거의 없었다. 또한 상대적으로 느린 육지 운송 수단 때문에 도시들은 어쩔 수 없이 서로 무리를 이뤄야 했는데, 작은 중심지들이 비교적 근거리(거주민들이 필요한 편익을 얻기 위해서 기꺼이 걸어서 갈 만한 거리)에 위치해 있어야만 규모가 큰 중심지가 제공하는 편익을 누릴 수 있었기 때문이다. 해양 항구들은 이러한 제약에 종속되지 않았다. 배의 빠른 속도 덕분에 먼 거리도 문제가 되지 않았을 뿐만 아니라 모든 항구들이 등급과 상관없이 서로 직접적으로 연결될 수 있었다. 이러한 연결성의 핵심은 바다였다. 예를 들어서, 첫 번째 도시화의 물결이 휩쓰는 동안, 두 개의 내해(內海), 지중해와 아드리아해 그리고 영국 해협-북해-발틱해는 교역의 중심지들을 분리하기보다는 통합하는 데 기여했다.[41] 이후로, 처음에는 대서양, 나중에는 태평양이 17세기에 이르러 지구적 규모를 획득했던 네트워크를 연결해 주는 바다가 되었다.

이러한 배치들의 표현적 구성 요소는 단순히 도시를 구성하는 부분들의 집합일 수 있지만, 이 집합체는 나름의 패턴을 가질 수 있다. 중심지의 경우에, 만일 우리가 가장 작고 소박한 도시들로부터 지역의 수도에 도달할 때까지 여행을 한다고 상상해 보면, 이러한 경험을 통해서 도시에 개성을 부여하는 표현적 요소들이 점점 복잡한 패턴을 띠게 된다는 것을 알수 있게 된다. 교회와 중앙 광장의 규모는 더 커지고 장식은 더 화려해진다. 종교적·세속적 의례들은 더 호사스러워진다. 거리와 공방의 활동은 더 다양해지고 장터는 다변화되고 다채로워진다. 해양 네트워크들의 경

---

41) Hohenberg and Hollen Lees, *The Making of Urban Europe*, p.66.

우에는 지배적 지위를 표출하는 동일한 지역 문화의 차이가 증가되는 것이 아니라 전 세계로부터 들어오는 표현들을 수집한다. 특히, 중심 도시들은 항상 생활비가 가장 비싸고 물가 상승률도 가장 높아서, 전 세계에서 들어온 모든 상품들이 아무리 이국적이더라도, 높은 가격으로 유통되는 경향이 있었다. 브로델이 주장하듯이, 이러한 세계 도시들은 환희를 드러내며 만유의 창고, 가능성의 목록, 진정한 노아의 방주가 된다.[42]

이러한 배치의 영토화는 모든 지역에 일정한 동질성을 부여하는 과정을 통해서 수행된다. 주로 정치적 수도 역할을 하는 가장 큰 중심지들은 낮은 등급의 도시들로부터 재능 있는 사람들(각자의 지역 문화로부터 언어적·비언어적 요소들을 가지고 왔던 사람들)을 끌어들였다. 시간이 흐르면서, 수도들은 이러한 요소들을 모으고 다듬어 동질적인 생산물을 만들어서 작은 중심들로 다시 내보냈다.[43] 최상위에서 더욱 차별화된 문화의 **높은 명성**은 자석처럼 작용하여 단거리를 이동하는 문화 생산자들을 끌어들였으며 지역을 관통해서 종합된 문화적 생산물을 전파하는 수단이 되었다. 한편 장거리 교역은 탈영토화하는 효과를 가지고 있다. 해양 네트워크의 노드들은 주로 외래 문명을 향해 열린 **외부의 관문** 역할을 해서 다채롭고 다양한 사람들을 더 많이 수용했다. 중심지보다 더 많은 외국 상인들이 있었기 때문에, 해양 항구들은 거주민들에게 외부인들과 그들의 낯선 관습, 의상 그리고 사상과 정기적으로 접촉할 기회를 더 많이 제공해 주었다. 지배적 노드들이 존재함으로써 도시 네트워크의 국제적 문화가 평등하지는 않더라도, 문화의 이종성은 보존되었는데, 문화는 통합되거나 점

---

42) Braudel, *The Perspective of the World*, pp.30~31.
43) Hohenberg and Hollen Lees, *The Making of Urban Europe*, p.6.

진적으로 종합되지 않으면 전통적 주변부와 겹쳐졌기 때문이다.[44]

중심지의 위계를 통해서 조직된 육지로 둘러싸인 지역과 해양 네트워크로 이루어진 해안 지역은 오늘날 민족 국가를 구성하는 부분들이라는 것을 간략하게 지적하면서, 추상적 방식으로 도시 배치들의 규모로부터 영토 국가들의 규모로 이동할 수 있다. 하지만 이렇게 함으로써 도시가 더 큰 존재들로 흡수되고 그러한 통합 과정에서 도심지들이 표출하는 저항의 이면에 있는 역사적 과정을 고려하지 않게 된다. 유럽에서 이러한 과정의 결과는 관련된 도시 인구의 구분에 따라 다르게 나타났다. 조밀하게 도시화된 지역에서는 도시들이 19세기까지 영토 국가의 성립을 늦출 수 있었지만, 저밀도 지역에 있는 도시들은 빠르게 흡수되었다. 특히, 바로 검토했던 중심지 위계와는 달리 봉건주의가 지배적이었던 지역에서 나타났던 위계는 상층부에 지나치게 큰 도시들이 있는 기형적 형태를 채택하는 경향이 있었다. 이런 식으로 불균형하게 인구가 많고 강력한 중심들은 제국, 왕국 그리고 민족 국가가 서서히 영토를 확장시킬 때 토대를 형성하다가 때가 되면 더 큰 배치들의 수도가 되었다.

16세기와 17세기에 다양한 수단을 통해서 도시들이 결합되었지만, 직접적인 군사적 개입도 자주 연관되었다. 왕국이나 제국의 지배자들이 도시가 위치해 있는 영토의 소유권을 주장하는 경우도 있었다. 이러한 권리들은 상속이나 결혼을 통해서 합법화되기도 하지만 종종 조직화된 폭력을 동원해서 강화되기도 했다. 하지만 군대와 요새화된 국경에 막대한 비용이 들어가기 때문에 전쟁도 간접적으로 도시와 영토 국가 사이에 벌어지는 경쟁의 결과에 영향을 주었다. 국토와 주민이라는 모든 자원을 장

---

44) *Ibid.*, p. 281.

악하는 거대하고 중앙 집권화된 정부들만이 새로운 무기(기동 포병과 같은)와 방어 시설을 통해서 전개되었던 군비 경쟁을 버텨 낼 수 있었다. 역사가 폴 케네디(Paul Kennedy)는 다음과 같이 주장한다.

군사적 요인들——아니면 전략 지정학적 요인들——은 새로운 민족 국가들의 영토적 경계를 형성하는 데 도움을 주었다. 빈번한 전쟁을 통해서 영국인들은 스페인인들을 증오하도록 배웠고, 스웨덴인들은 덴마크인들을 증오하도록 배웠으며, 네덜란드의 반란군들은 이전의 합스부르크 대군주들을 증오하도록 배웠다는 점에서 적어도 부정적인 방식으로 민족의식을 고취시켰다. 무엇보다도, 호전적인 국가들이 이전보다 더 많은 돈을 쓰고 그에 상응하는 수익을 올리도록 부추긴 것은 바로 전쟁——그리고 특히 보병 부대와 돈이 많이 드는 요새화 그리고 함대를 키우는 데 유리했던 새로운 기술들——이었다. 엘리자베스 시대 영국의 마지막 몇 년 혹은 펠리페 2세 시대의 스페인에서는 모든 정부 지출의 4분의 3에 해당하는 금액을 전쟁이나 이전에 벌였던 전쟁의 채무 상환에 쏟아부었다. 육군과 해군에 쏟아부은 노력들이 항상 새로운 민족 국가의 **존재 이유**가 되지는 않았지만, 가장 비용이 많이 들고 긴박한 행위였음은 틀림이 없었다.[45]

독립적인 도시들의 운명을 결정지었던 역사적인 두 시기로 1494년과 1648년을 들 수 있는데, 강도나 지리적 범위의 측면에서 엄청나게 증

---

45) Paul Kennedy, *The Rise and Fall of the Great Powers: Economic Change and Military Conflict from 1500 to 2000*, New York: Random House, 1987, pp.70~71.

가하는 전쟁을 목격한 때였다. 1494년은 이탈리아의 도시 국가들이 알프스를 넘어 쳐들어온 프랑스 군대에 처음으로 공격을 당해서 무릎을 꿇었던 해이다. 샤를 8세 휘하의 프랑스군의 목표는 나폴리 왕국에 대한 영토 소유권을 강화하는 것이었다. 1648년은 당시에 가장 거대한 영토적 실체들, 가톨릭 합스부르크 제국과 프랑스, 스웨덴, 프로테스탄트 연합국 간의 동맹 사이에서 30년 전쟁을 종식시키면서 체결한 베스트팔렌 평화 조약을 기념하는 해이다. 지쳐 버린 참가국들이 마침내 평화조약을 체결하였을 때, 연합되어 있었고 지리적으로 안정화된 독일이 유럽의 중심에서 성립되었다. 영토 국가의 정체성뿐만 아니라 국가들 사이의 권력 균형을 규정했던 국경들이 공고해졌다. '주권'이라는 매우 중요하고 법률적인 개념이 전쟁 이전에 형성되었지만(1576년에 장 보댕Jean Bodin[46]에 의해서), 법률적 실체로서 영토 국가의 정체성을 정의하는 데 주권 개념이 처음으로 활용된 것은 평화 회담이 진행되는 동안이었다.[47] 그러므로 국제법은 이러한 전쟁의 산물이라고 말할 수도 있다.

앞 장에서 필자가 언급했듯이, 국가를 통치하는 조직적 위계질서를 가진 **지정학적 실체**를 영토 국가로 혼동하지 않는 것이 중요하다. 지정학적 요인들은 영토 국가의 속성이지 지정학적 실체의 속성은 아니다. 폴 케네디가 주장하듯이, 1648년 이후에 일반적으로 전쟁에 수많은 국가라는 행위자들이 연루되었다고 한다면,

---

46) 프랑스 종교전쟁기의 법학자·사상가. 고등법원 소속 변호사로서 리옹의 로마법 교수였고, 경제사상사적으로 중요한 인물이다. 프랑스 절대왕정의 이론적 기초에 결정적 기여를 한 정치학자로 칼뱅파 위그노에 속했다. ── 옮긴이

47) J. Craig Barker, *International Law and International Relations*, London: Continuum, 2000, pp.5~8. 5년간의 협상 기간에 대해서는 Geoffrey Parker, *The Thirty Years' War*, London: Routledge & Kegan Paul, 1987, pp.170~178 참조.

지리는 어떤 나라의 기후, 천연자원, 농업 생산력 그리고 교역 루트의 접근성과 같은 요인들을 통해서만이 아니라 오히려 다국 간에 전쟁이 벌어지는 동안에 전략적 위치라는 결정적 문제를 통해서 국가의 운명에 영향을 주었다. 특정 국가가 국력을 하나의 전선에 집중할 수 있었을까 아니면 여러 개의 전선에서 싸워야만 했는가? 특정 국가가 약소국이나 강대국과 국경을 공유했는가? 그 국가는 주로 육군국, 해군국, 혹은 육해군 혼합국이었나——그리고 그로부터 어떤 이익과 불이익이 생겼는가? 그 국가는 원하기만 하면 중앙 유럽에서 벌어진 대전쟁에서 쉽게 빠져나올 수 있었을까? 그 국가는 해외로부터 추가적인 자원을 확보할 수 있었을까?[48]

하지만 영토 국가가 시민들과 군사 조직으로 환원될 수 없다면, 시민들과 군사 조직은 일상적 활동을 통해서 가장 크게 영역화된 현장들에 시간적 구조를 부여하는 주요 행위자들을 만들어 낸다. 1648년 이후에 필요하게 되었던 새로운 조직 활동의 좋은 사례는 재정과 통화 정책뿐만 아니라 대규모 전쟁을 지휘하는 데 필요한 전반적 공공 재정 시스템이었다. 경제적 측면에서는 '중상주의'라 지칭되는 이질적 집단의 실용적 신념에 따라 행해진 활동들이 있었다. 이 이론의 핵심적인 신념은 국부가 국경 안에 축적되어 있는 귀금속(금이나 은)의 양에 기초한다는 것이었다. 오늘날에 명백히 밝혀졌지만, 이러한 통화 정책은 경제적 요인들 사이의 인과적 관계에 대한 잘못된 믿음에 기초한 것이다. 한편 귀금속의 국외 반출을 막는 한 가지 수단은 수입을 억제하는 것이었고, 결국 이러한 정책은 현지 생

---

48) Kennedy, *The Rise and Fall of the Great Powers*, p.86. 강조는 원저자.

산과 내적 경제 성장을 촉진시키려 했으므로, 중상주의는 결국 영토 국가에 유익했던 집합적이고 비의도적인 결과를 초래했다.[49] 하지만 이런 이유로, 중상적 정책 결정을 하는 사람들을 이 경우에 유의미한 사회적 행위자로 고려하기가 어렵다. 영토 국가에서 조직의 활동을 시간적 구조의 중요한 근거로 고려해야 하는 또 다른 이유는 건전한 재정 정책을 이끄는 데 필요한 수많은 능력들은 1688년과 1756년 사이에 영국에서 최초로 달성된 느린 **조직적 학습**의 산물이었다는 것이다. 브로델은 다음과 같이 주장한다.

공적 신용의 변화가 절정에 이르렀던 이러한 재정 혁명은 왕국의 재정을 이전에 분명하게 규정된 노선에 따라 철저하게 재정비함으로써만 가능할 수 있었다. 일반적으로 말해서, 1640년과 1660년에, 영국의 재정 구조는 프랑스와 매우 유사했다. 영국 해협을 사이에 둔 어느 쪽도 국가의 배타적 통제를 받는 중앙 집권화된 공적 재정은 존재하지 않았다. 마치 프랑스 국왕이 항상 파리의 선의를 요청했듯이 공식적으로 대부업자이기도 했던 세무서 직원들의 사적인 결단, 맡은 일만 챙겼던 금융업자들, 매직을 했기 때문에 국가에 의존하지 않았던 공무원들 때문에 런던 시에 지속적으로 항의가 들어와도 너무 많은 일들이 방치되었다. 기생충 같은 중개인들을 제거했던 영국 개혁은 **식별할 수 있는 아무런 행동 계획도 없었지만**, 지속적으로 재량권을 가지고 성취되었다.[50]

---

49) Braudel, *The Wheels of Commerce*, pp.544~545.
50) *Ibid.*, p.525. 강조는 인용자.

조직적 위계에 대한 배치 분석은 이미 앞 장에서 살펴보았고 그래서 이제 분석해 봐야 할 것은 영토 국가 자체이다. 물질적 역할을 하는 구성 요소들 중에서, 국경 내에 포함되어 있는 모든 자원들, 천연자원(농지와 석탄, 석유, 귀금속 등의 광물질의 매장층)은 물론이고 인적 자원(즉, 육군과 해군 신병, 더 나아가 잠재적 납세자들의 보고로 간주되는 인구)을 열거해 보아야 한다. 모든 현장들처럼, 물질적 측면 역시 지역 사이의 연결성이라는 문제(이 경우에 이전에 도시에 의해서 조직된 지리적 지역을 포함하는 문제)를 가지고 있다. 영토 국가들은 이러한 지역들과 몇 개의 지역들이 형성하는 지방을 만들어 내지는 않았지만, 새로운 도로나 운하를 건설함으로써 상호 연결에 영향을 끼쳤다. 예를 들면, 이런 식으로 자본이 중앙 집권화하는 데 핵심적인 역할을 했던 과정을 통해서 영국은 몇 개의 지역 시장을 서로 묶어서 18세기에 최초로 전국 시장을 만들어 냈다. 그리고 브로델이 주장하듯이, 전국 시장이 없다면 "근대 국가는 순수한 허구에 불과할 것이다."[51]

다음 세기에 다른 나라들(프랑스, 독일, 미국)도 이러한 과업을 기관차나 전신을 활용해서 달성했다. 증기력의 출현 덕분에 육지 운송은 오랫동안 부족했던 속력을 얻게 되어 육지로 둘러싸인 지역 그리고 해안 지역과 도시 사이의 힘의 균형을 바꾸어 놓았고 국내 자본에 지배적인 지위를 부여해 주었다. 호엔베르크와 리즈는 다음과 같이 주장한다.

수많은 전통적 노드들과 관문들은 지속적으로 번창했지만, 철도가 출현하면서, 교역, 재정 그리고 사업에서 영토 자본의 견인력이 억제되지 않

---

51) Braudel, *The Structures of Everyday Life*, p.527.

고 성장할 수 있었다. 권력과 부가 집중되면서 이러한 도시들은 철도 네트워크, 나중에는 고속도로 계획을 지휘했고 미래의 결절성(nodality)이 의존했던 연결 고리들을 확보하게 되었다. 일단 도시 네트워크에서 교역 루트와 수로가 도시의 위치와 역할을 결정했던 곳에서는 철도 운송이 현지 교통량과 장거리 연결을 원하는 거대 도시들의 확장 욕구를 수용했다.[52]

표현적 측면에서, 가장 중요한 사례는 중앙의 통제력을 드러내는 수단으로 국내 자본을 활용한 것이었다. 17세기와 18세기 유럽의 절대주의 정부가 제창했던 도시 계획의 소위 '장엄 양식'을 통해서 그런 일이 이루어졌다. 이탈리아 도시들이 장엄 양식의 기본적 요소들을 창출했지만, 그러한 요소들이 하나의 양식으로 체계화된 것은 1650년 이후의 프랑스에서였다. 주거 구역의 동일한 파사드는 시각적 표지 역할을 하는 오벨리스크, 개선문 또는 조각상으로 마무리되는 압도적인 전망의 배경 역할을 하고, 대로(大路)에는 길고 넓게 나무가 줄지어 서 있으며, 극적 효과를 주는 이미 존재하거나 변형된 지형을 활용하고, 이 모든 요소들을 거대한 기하학적 배열로 조직화한다.[53] 상징이나 시각적 표상의 활용이 전반적인 도시 계획에 접근하는 일부였지만, 장엄 양식의 전반적 연극성과 도시의 시각적 경험의 세심한 계획적 처리는 권력의 집중을 물리적으로 표현했던 것이라고 주장해 볼 수 있다. 스피로 코스토프의 주장을 인용하면 다음과 같다.

---

52) Hohenberg and Hollen Lees, *The Making of Urban Europe*, p.242.
53) Kostoff, *The City Shaped*, pp.211~215.

만일 장엄 양식이 중앙 집권화된 권력과 일상적으로 연관되어 있다면, 우리는 그 이유를 쉽게 알 수 있다. 장엄 양식이 필요로 하는 엄청난 확장성과 패턴의 추상화는 복잡하지 않은 의사 결정 과정과 계획된 대로 성취할 수 있는 수단을 전제한다. 이런 식으로 거침없는 권한이 존재할 수 없었다면 장엄 양식은 서류상으로만 남아 있었을 것이다. 워싱턴이 장엄 양식을 무조건적으로 찬양하는 미국의 유일한 도시였던 것은 우연이 아니었다. … 워싱턴은 의회의 직접적 권한하에서 대리 역할을 했지만 중앙 집권화된 행정부를 가졌던 미국의 유일한 도시였다. 다른 곳에서는 설득에 의존할 수 있을 뿐이고 민주적 과정이라는 실타래를 통해서 전체 계획의 일부라도 진척시키려 노력할 뿐이다. 절대 권력이라는 확신은 30년대의 무솔리니, 히틀러, 스탈린과 같은 전체주의 체제를 매료시켰던 장엄 양식을 설명해 준다.[54]

영토 국가의 정체성을 안정화시키는 것은 부분적으로 조직들과 도시들이 국경 안에서 창출할 수 있는 통일성(민족, 종교, 언어, 통화, 법률)의 정도에 좌우된다. 이 정도 규모에서 찾아볼 수 있는 동질화의 좋은 사례는 표준어의 성립이다. 예를 들면, 로마 제국 시대에 라틴화되었던 지역의 경우에, 중심지마다 제국의 멸망 이후에 구어체 혹은 세속 라틴어가 겪었던 다양한 진화의 산물인 각자의 방언이 있었다. 국가의 수도가 출현하기 전에, 이렇게 다양한 차이에서 기인했던 로맨스어[55] 방언이 모두 공존했고, 어떤 도시에서는 자기 말에 대한 신망이 더 두터워졌다. 영토 국가들이 지

---

54) *Ibid.*, p.217.
55) 라틴어에서 발달한 프랑스어, 이탈리아어, 스페인어 등을 가리킨다. — 옮긴이

배를 공고히 하기 시작하면서 권력의 균형이 변화했다. 지배 도시들의 방언을 체계화하고 공식 사전, 문법 그리고 정확한 발음법에 관한 책을 출간하기 위해서 특수한 조직들(공식 언어 학원)이 만들어지는 경우도 있었다. 이러한 체계화에도 불구하고 새로운 인공어를 전 영토로 전파하지는 못했다. 이 과정은 전국적 체제의 초등 교육이 표준적으로 의무화되었던 19세기까지 기다려야만 했다. 그 당시에도, 수많은 지역과 도시에서는 이러한 제도 도입에 반대하면서 자신들의 언어적 정체성을 고수했고 이러한 저항은 구심력의 근원이었다. 스위스와 같은 몇몇 나라들에서는 정치적 안정성이 다국어 사용 능력과 공존했지만, 다른 나라들(캐나다, 벨기에)에서는 2개 국어를 사용하는 것이 불안정하게 하는 힘으로 작용하였다.[56]

내재적 통일성 이외에도, 이러한 규모의 영토화는 훨씬 직접적인 공간적 의미(나라의 국경을 규정하는 안정성)를 포함하고 있다. 이러한 안정성에는 두 가지 측면, 즉 국경 지대를 넘어 이동하는 각기 다른 흐름에 대한 통제와 국경 자체의 지속성이 있다. 국경 자체의 지속성은 거대한 땅의 합병(혹은 분리)이 영토 국가의 지리적 정체성을 바꾼다는 사실을 의미한다. 이러한 사건이 영토 확장을 목적으로 하는 전쟁(혹은 분리를 목적으로 하는 내전)을 의미하지는 않더라도, 그런 일은 종종 발생하고 이를 통해서 국경 지대 근처에 군대를 배치하고 국경을 견고하게 지키기 위해서 특수한 요새를 구축하는 것이 중요하다는 것을 알 수 있다. 베스트팔렌 조약이 체결된 후 몇십 년 동안, 프랑스는 촘촘하게 적을 방어할 만한 국경을 만드는 데 엄청난 자원을 재투입하여 요새화된 도시, 외벽 그리고

---

56) 필자는 DeLanda, *A Thousand Years of Nonlinear History*, ch.3에서 언어와 방언의 정치사에 관한 이용 가능한 모든 자료들을 종합하려 시도했다.

성채 ——도시의 외벽 옆에 위치한 분리된 별 모양의 근거지 ——를 체계적으로 구축했다. 탁월한 군사 기술자 세바스티앵 르 프르스트르 드 보방 (Sébastien Le Prestre de Vauban)[57]의 손을 통해서, 프랑스의 국경은 거의 난공불락이 되었으며 프랑스 혁명 때까지 방어력을 유지했다. 보방은 북쪽 국경과 남동쪽 국경에 요새를 두 줄로 세워 놓고 스위스 국경 지대에서부터 영국 해협까지 모든 방향에서 프랑스 요새포의 가청 거리 내에 있도록 서로 체계적으로 결합시켰다.[58]

국경을 넘나드는 이주와 교역은 단일한 국가 정체성을 만들어 내려는 노력을 복잡하게 하는 경향이 있고 그런 점에서 탈영토화라고 여겨질 수도 있다. 국경의 투과성을 감소시키는 능력은 영토적 실체가 존재하는 조건에 상당 부분 좌우된다. 유럽의 봉건 지역에서 확고해진 이러한 왕국이나 제국은 자주권을 가진 수많은 도시 국가들이 공존함으로써 유래된 분열된 주권에 대응해야 했기 때문에 조밀하게 도시화된 지역들보다는 내적 동질성을 만들어 내기가 훨씬 쉬웠다.[59] 마찬가지로, 이전의 제국이 붕괴하거나 식민지가 나누어지면서 탄생한 영토 국가들은 언어, 민족성 혹은 종교적인 측면에서 이질적인 지역을 가로지르는 불안정한 국경(안정적 정체성에 방해가 되고 국경 통제를 복잡하게 만드는 상황)을 가지고 있다는 것을 알 수 있다. 국경 통제와 영토 안정성에 더욱 체계적인 도발은 적어도 17세기 이후부터 있어 왔다. 근대적인 국제적 체제의 정체성이 30

---

57) 17세기 프랑스의 군인. 그 시대 가장 뛰어난 공병이자 요새 설계와 공략 양쪽에서 자신의 뛰어난 능력으로 명성을 얻었다. 그는 또한 루이 14세에게 조언하여 프랑스 국경을 강화했고 직접 방어 시설을 만들었다. —— 옮긴이

58) Christopher Duffy, *The Fortress in the Age of Vauban and Frederick the Great*, London: Routledge & Kegan Paul, 1985, p.87.

59) Peter J. Taylor, *Political Geography*, New York: Longman, 1985, pp.113~115.

년 전쟁 동안 확고해지면서, 암스테르담이란 도시는 오늘날에도 통용될 만큼 전면적인 초국가적 교역과 신용 네트워크의 확고한 중심이 되었다. 왕국, 제국 그리고 민족 국가의 출현이 도시들에 영토화하는 압력을 발휘하여 도시의 자치권을 억제했다면, 해양 네트워크는 이러한 압력에 저항했을 뿐만 아니라 오늘날까지도 영토 국가의 구성적 경계를 탈영토화할 수 있었다. 이러한 경계에 가해진 압력은 금융 자원이 국가의 경계를 넘어 쉽게 흘러갈 수 있고 국제적 노동 분업의 분화 정도와 합법·불법 노동자들의 이동성이 모두 증가하면서 최근 몇십 년 동안 강화되었다.

도시의 네트워크 그리고 도시를 기반으로 하는 초국가적 조직들이 국가 경계를 가로지르는 거대한 지리적 지역에 작동할 수 있고 일관성을 부여할 수 있다는 것이 이러한 지역을 '세계 경제'라 지칭한 페르낭 브로델의 선구적 연구 이후로 알려지게 되었다.[60] 세계 경제라는 개념은 너무 빨리 나와서 이 장에서 분석되었던 여타의 영역화된 현장들만큼 실제적인지 여부는 말할 수 없다. 오랜 시간적 리듬을 따라가며(소위 콘드라티에프 파동[61]) 거대한 지리적 지역을 가로질러 동시에 움직이는 가격 동향과 같이 경제적 현장에 일관성을 부여해 준다고 추정되는 몇몇 과정들도 논쟁의 여지가 있다. 그러나 현 단계에서 우리가 확실하게 이해하고 있는 것은 환원주의적 사회 존재론을 기초로 하는 접근 방식은 역사적 자료를 정당하게 다루지 않는다는 것이다. 특히 이매뉴얼 월러스틴(Immanuel

---

60) 브로델은 '세계-경제'라는 용어를 일관된 경제 지역으로서 지중해에 대해서 논의하기 위해서 Fernand Braudel, *The Mediterranean and the Mediterranean World in the Age of Philip II*, Berkeley, CA: University of California Press, 1995, vol.1, p.419에서 제시했다. *The Perspective of the World*, p.634, n.4에서 브로델은 원래의 개념이 두 독일 학자에게서 나온 것이라 주장한다.
61) 공업국 경제의 50~60년 주기의 장기 경기 순환 파동설. — 옮긴이

Wallerstein)이 제창한 '세계-체제 분석'과 같은 거시-환원주의적 접근 방식이 그렇다.[62] 브로델의 원래 생각은 라틴 아메리카의 이론가들이 발전시킨 부등가 교환론[63]과 결합된 것이다. 예를 들어서, 브로델의 견해에 따르면 단 하나의 유효한 사회적 분석 단위는 30년 전쟁이 막을 내린 이후부터 전체적인 '세계-체제'로 존재해 왔다는 것이다. 세계-체제에서는 각국의 지위가 각각의 성향을 결정하므로 민족 국가의 수준에서 이루어지는 설명은 비논리적인 것으로 간주된다.[64] 한편 배치적 접근 방식은 브로델의 원래 사상과 더 잘 어울린다. 브로델은 배치란 개념을 사용하지는 않지만, 사회적 전체를 '집합들의 집합들'로 바라보고 각기 다른 규모의 존재에 나름대로 상대적 자율성을 부여하면서도 매끈한 전체로 융화시키지는 않았다.[65]

이와 같은 비환원주의적 접근 방식, 모든 사회적 존재가 더 작은 규모에서 작동하는 존재들 사이의 상호작용을 통해서 나타난다고 보는 접근 방식의 이점에 대해서 논의해 보는 것이 이 책의 목적이었다. 창발적 전체가 전체의 구성 부분들을 제약하거나 인정하도록 반응한다는 사실에서 매끈한 전체성이 나오지는 않는다. 각각의 규모는 저마다 상대적 자율성을 간직하므로 정당한 분석 단위가 될 수 있다. 각 규모마다 존재론적 독

---

62) Immanuel Wallerstein, *World-Systems Analysis: An Introduction*, Durham, NC: Duke University Press, 2004, pp.11~17.

63) 부등가 교환이란 여러 조건에 의해 다른 노동량이 투입되는 상품이 같은 가격으로 교환됨에 따라 나타나는 불평등한 교환을 말한다. 이런 현상은 기술이나 자본의 차이, 국가적 힘의 차이 때문에 발생하게 된다. ──옮긴이

64) *Ibid.*, p.16. 월러스틴의 거시-환원주의는 거대한 규모의 사회적 존재를 개념화하기 위해서 헤겔의 총체성 개념을 사용한 것에서 직접적으로 비롯된다. Immanuel Wallerstein, *The Capitalist World-Economy*, Cambridge: Cambridge University Press, 1993, p.4.

65) Braudel, *The Wheels of Commerce*, p.458.

립성을 유지하는 것이야말로 미시-환원주의(신고전파 경제학)와 거시-환원주의(세계-체제 분석)의 시도를 막아 낼 뿐만 아니라 여러 사회과학자들이 특정한 시공간적 규모에서 ——어빙 고프먼이 연구했던 작은 존재들의 극히 짧은 지속 기간으로부터 페르낭 브로델이 연구했던 거대한 존재들의 매우 오랜 지속 기간에 이르기까지 ——연구하면서 발전시켜 왔던 귀중한 통찰들을 통합해 내는 것이다. 배치 이론은 두 저자의 목소리(어빙 고프먼과 페르낭 브로델) 그리고 이 책에 영향을 주었던 여러 사람들의 목소리는 함께 어우러져 각기 다른 구성 부분들을 조화시키는 것이 아니라 각각의 이종성을 존중하면서 연동시키는 합창이 되도록 뼈대를 제공해 준다.

참고문헌

Alexander, Jeffrey C., "Action and Its Environments", eds. Jeffrey C. Alexander, Bernhard Giesen, Richard Münch, Neil J. Smelser, *The Micro-Macro Link*, Berkeley, CA: University of California Press, 1987.

Allen, Peter M., *Cities and Regions as Self-Organizing Systems*, Amsterdam: Gordon & Breach, 1997.

Archer, Margaret S., *Realist Social Theory: The Morphogenetic Approach*, Cambridge: Cambridge University Press, 1995.

Aristotle, *The Metaphysics*, Buffalo, NY: Prometheus Books, 1991.

Barker, J. Craig, *International Law and International Relations*, London: Continuum, 2000.

Bechtel, William and Adele Abrahamsen, *Connectionism and the Mind: An Introduction to Parallel Distributed Processing in Networks*, Cambridge, MA and Oxford: Basil Blackwell, 1991.

Bechtel, William and Robert C. Richardson, *Discovering Complexity: Decomposition and Localization Strategies in Scientific Thought*, Princeton, NJ: Princeton University Press, 1993.

Becker, Howard and Harry Elmer Barnes, *Social Thought from Lore to Science*, New York: Dover, 1961.

Berger, Peter L. and Thomas Luckmann, *The Social Construction of Reality*, New York: Anchor Books, 1967.

Best, Michael, *The New Competition*, Cambridge, MA: Harvard University Press, 1990.

Bhaskar, Roy, *A Realist Theory of Science*, London: Verso, 1997.

Bourdieu, Pierre, *Language and Symbolic Power*, Cambridge: Harvard University Press, 1991.

_____, *Practical Reason*, Stanford, CA: Stanford University Press, 1998.

_____, *The Logic of Practice*, Cambridge: Polity Press, 1990.

Braudel, Fernand, *The Mediterranean and the Mediterranean World in the Age of Philip II*, Berkeley, CA: University of California Press, 1995.

_____, *The Perspective of the World*, New York: Harper & Row, 1979.

_____, *The Structures of Everyday Life*, Berkley, CA: University of California Press, 1992.

_____, *The Wheels of Commerce*, New York: Harper & Row, 1979.

Bunge, Mario, *Causality and Modern Science,* New York: Dover, 1979.

Burgess, Ernest W., "The Growth of the City", eds. Robert E. Park and Ernest W. Burgess, *The City*, Chicago, IL: University of Chicago Press, 1984.

Clark, Andy, *Microcognition, Philosophy, Cognitive Science, and Parallel Distributed Processing*, Cambridge, MA: MIT Press, 1990.

Coleman, James S., *Foundations of Social Theory*, Cambridge, MA: Belknap Press, 2000.

Crow, Graham, *Social Solidarities*, Buckingham: Open University Press, 2002.

DeLanda, Manuel, *A Thousand Years of Nonlinear History*, New York: Zone Books, 1997.

_____, *Intensive Science and Virtual Philosophy*, London: Continuum, 2002.

_____, *War in the Age of Intelligent Machines*, New York: Zone Books, 1991.

Deleuze, Gilles and Claire Parnet, *Dialogues II*, New York: Columbia University Press, 2002.

_____, *A Thousand Plateaus*, Minneapolis, MN: University of Minnesota Press, 1987.

Deleuze, Gilles and Félix Guattari, *Anti-Oedipus*, Minneapolis, MN: University of Minnesota Press, 1983.

_____, *What is Philosophy?*, New York: Columbia University Press, 1994.

Deleuze, Gilles, *Empiricism and Subjectivity*, New York: Columbia University

Press, 1991.

_____, *Foucault*, Minneapolis, MN: University of Minnesota Press, 1988.

_____, *Logic of Sense*, New York: Columbia University Press, 1990.

DiMaggio, Paul, "Nadel's Paradox Revisited: Relational and Cultural Aspects of Organizational Structure", eds. Nitin Nohria and Robert G. Eccles, *Networks and Organizations*, Boston, MA: Harvard Business School Press, 1992.

Duffy, Christopher, *The Fortress in the Age of Vauban and Frederick the Great*, London: Routledge & Kegan Paul, 1985.

Durkheim, Émile, *The Rules of Sociological Method*, New York: The Free Press, 1982.

Fodor, Jerry A. and Zenon W. Pylyshyn, "Connectionism and Cognitive Architecture: A Critical Analysis", ed. John Haugeland, *Mind Design II: Philosophy, Psychology and Artificial Intelligence*, Cambridge, MA: MIT Press, 1997.

Foucault, Michel, *Discipline and Punish: The Birth of Prison*, New York: Vintage Books, 1979.

Freedman, James O., *Crisis and Legitimacy: The Administrative Process and American Government*, Cambridge: Cambridge University Press, 1978.

Fujita, Masahisa, Paul Krugman and Anthony J. Venables, *The Spatial Economy: Cities, Regions, and International Trade*, Cambridge, MA: MIT Press, 1999.

Garfinkel, Alan, *Forms of Explanation*, New Haven, CT: Yale University Press, 1981.

Geertz, Clifford, "Thick Description: Toward an Interpretive Theory of Culture", *The Interpretation of Culture*, New York: Basic Books, 1973.

Gerstein, Dean R., "To Unpack Micro and Macro: Link Small with Large and Part with Whole", eds. Jeffrey C. Alexander, Bernhard Giesen, Richard Münch, Neil J. Smelser, *The Micro-Macro Link*, Berkeley, CA: University of California Press, 1987.

Ghiselin, Michael T., *Metaphysics and the Origin of Species*, Albany, NY: State University of New York, 1997.

Giddens, Anthony, *Central Problems in Social Theory*, Berkeley, CA: University of California Press, 1979.

_____, *The Constitution of Society*, Berkeley, CA: University of California Press,

1986.

Goffman, Ervin, *Interaction Ritual: Essays on Face-to-face Behaviour*, New York: Pantheon Books, 1967.

Granovetter, Mark, *Getting a Job: A Study of Contacts and Careers*, Chicago, IL: University of Chicago Press, 1995.

Hacking, Ian, *The Social Construction of What?*, Cambridge, MA: Harvard University Press, 1999.

Hannan, Michael T. and John Freeman, *Organizational Ecology*, Cambridge, MA: Harvard University Press, 1989.

Harris, Zellig, *A Theory of Language and Information: A Mathematical Approach*, Oxford: Clarendon Press, 1981.

Hedström, Peter and Richard Swedberg, "Social Mechanisms: An Introductory Essay", eds. Peter Hedström and Richard Swedberg, *Social Mechanisms: An Anaiytical Approach to Social Theory*, Cambridge: Cambridge University Press, 1998.

Hegel, G. W. F., *The Science of Logic*, Antherst, NY: Humanity Books, 1999.

Hohenberg, Paul M. and Lynn Hollen Lees, *The Making of Urban Europe 1000-1950*, Cambridge, MA: Harvard University Press, 1985.

Hume, David, *A Treatise of Human Nature*, London: Penguin, 1969.

Kemble, Edwin C., *Physical Science: Its Structure and Development*, Cambridge, MA: MIT Press, 1966.

Kennedy, Paul, *The Rise and Fall of the Great Powers: Economic Change and Military Conflict from 1500 to 2000*, New York: Random House, 1987.

Kostoff, Spiro, *The City Shaped: Urban Patterns and Meanings throughout History*, London: Bullfinch Press, 1991.

Krackhardt, David, "The Strength of Strong Ties: The Importance of Philos in Organization", eds. Nitin Nohria and Robert G. Eccles, *Networks and Organizations*, Boston, MA: Harvard Business School Press, 1992.

Labov, William, "The Social Setting of Linguistic Change", *Sociolinguistic Patterns*, Philadelphia, PN: University of Pennsylvania Press, 1972.

Mazmanian, Daniel A. and Paul A. Sabatier, *Implementation and Public Policy*, Lanham, MD: University Press of America, 1989.

Meyer, John W. and Brian Rowan, "Institutionalized Organizations: Formal

Structure as Myth and Ceremony", eds. Walter W. Powell and Paul J. DiMaggio, *The New Institutionalism in Organizational Analysis*, Chicago, IL: University of Chicago Press, 1991.

Moe, Terry M., "The Politics of Structural Choice: Toward a Theory of Public Bureaucracy", ed. Oliver E. Williamson, *Organization Theory*, New York: Oxford University Press, 1995.

Munkirs, John R. and James I. Sturgeon, "Oligopolistic Cooperation: Conceptual and Empirical Evidence of Market Structure Evolution", eds. Marc R. Tool and Warren J. Samuels, *The Economy as a System of Power*, New Brunswick, NJ: Transaction Press, 1989.

North, Douglass C., *Institutions, Institutional Change and Economic Performance*, New York: Cambridge University Press, 1995.

Nurmi, Hannu, *Comparing Voting Systems*, Dordrecht: D. Reidel, 1987.

Odum, Howard T. and Elizabeth C. Odum, *Energy Basis for Man and Nature*, New York: McGraw-Hill, 1981.

Oommen, T. K., *Citizenship, Nationality, and Ethnicity*, Cambridge: Polity Press, 1997.

Park, Robert E., "The City: Suggestions for Investigation of Human Behaviour in the Urban Environment", eds. Robert E. Park and Ernest W. Burgess, *The City*, Chicago, IL: University of Chicago Press, 1984.

Parker, Geoffrey, *The Thirty Years' War*, London: Routledge & Kegan Paul, 1987.

Peters, R. S., *The Concept of Motivation*, London: Routledge & Kegan Paul, 1960.

Pfeffer, Jeffrey and Gerald R. Salancik, *The External Control of Organization: A Resource Dependence Perspective*, Stanford, CA: Stanford University Press, 2003.

Phillips, Denis C., *Philosophy, Science, and Social Inquiry*, Oxford: Pergamon Press, 1987.

Powell, Walter W. and Paul J. DiMaggio, "The Iron Cage Revisited: Institutional Isomorphism and Collective Rationality in Organizational Fields", eds. Walter W. Powell and Paul J. DiMaggio, *The New Institutionalism in Organizational Analysis*, Chicago, IL: University of Chicago Press, 1991.

Powell, Walter W. "Neither Market nor Hierarchy: Network Forms of Organization", ed. Michael Handel, *The Sociology of Organizations*, Thousand Oaks, CA: Sage, 2003.

Pressman, Jeffrey L. and Aaron Wildavsky, *Implementation*, Berkeley, CA: University of California Press, 1984.

Richardson, G. B., "The Organization of Industry", eds. Peter J. Buckley and Jonathan Michie, *Firms, Organizations and Contracts*, Oxford: Oxford University Press, 2001.

Salmon, Wesley C., *Scientific Explanation and the Causal Structure of the World*, Princeton, NJ: Princeton University Press, 1984.

Sanders, David, *Patterns of Political Instability*, London: Macmillan, 1981.

Saxenian, AnnaLee, *Regional Advantage: Culture and Competition in Silicon Valley and Route 128*, Cambridge, MA: Harvard University Press, 1996.

Schelling, Thomas C., *Micromotives and Macrobehaviour*, New York: Norton, 1978.

Scott, John, *Social Network Analysis*, London: Sage Publications, 2000.

Scott, W. Richard and John W. Meyer, "The Organization of Social Sectors: Propositions and Early Evidence", eds. Walter W. Powell and Paul J. DiMaggio, *The New Institutionalism in Organizational Analysis*, Chicago, IL: University of Chicago Press, 1991.

Taylor, Peter J., *Political Geography*, New York: Longman, 1985.

Tilly, Charles, *Durable Inequality*, Berkeley, CA: University of California Press, 1999.

_____, *Stories, Identities, and Political Change*, Lanham, MD: Rowman & Littlefield, 2002.

Torstendahl, Rolf, *Bureaucratization in Northwestern Europe, 1880-1985*, London: Routledge, 1991.

Vance Jr., James E., *The Continuing City: Urban Morphology in Western Civilization*, Baltimore, MD: Johns Hopkins University Press, 1990.

Wallerstein, Immanuel, *The Capitalist World-Economy*, Cambridge: Cambridge University Press, 1993.

_____, *World-Systems Analysis: An Introduction*, Durham, NC: Duke University Press, 2004.

Weber, Max, *The Theory of Social and Economic Organization*, New York: Free Press of Glencoe, 1964.

Williamson, Oliver E., "Chester Barnard and the Incipient Science of Organization", ed. Oliver E. Williamson, *Organization Theory*, New York: Oxford University Press, 1995.

_____, "Transaction Cost Economics and Organization Theory", ed. Oliver E. Williamson, *Organization Theory*, New York: Oxford University Press, 1995.

Wood, B. Dan and Richard W. Waterman, *Bureaucratic Dynamics*, Boulder, CO: Westview Press, 1994.

새로운 사회철학 : 배치 이론과 사회적 복합성

발행일 초판1쇄 2019년 5월 30일 · **지은이** 마누엘 데란다 · **옮긴이** 김영범
펴낸이 유재건 · **펴낸곳** (주)그린비출판사 · **주소** 서울시 마포구 와우산로 180, 4층
전화 02-702-2717 · **이메일** editor@greenbee.co.kr · **신고번호** 제2017-000094호

ISBN 978-89-7682-490-5 93100
이 도서의 국립중앙도서관 출판예정도서목록(CIP)은 서지정보유통지원시스템 홈페이지(http://seoji.nl.go.kr)와
국가자료공동목록시스템(http://www.nl.go.kr/kolisnet)에서 이용하실 수 있습니다. (CIP제어번호: 2019014187)

철학이 있는 삶 **그린비출판사** www.greenbee.co.kr